AF313990

Madame de Sévigné en Bourbonnais

(d'après ses lettres)

EDITION DU TRI-CENTENAIRE

MADAME DE SÉVIGNÉ

EN BOURBONNAIS

Ses Séjours à Vichy

ET A

Bourbon-l'Archambault

PAR

GENÈS PRADEL

1926

Madame de Sévigné

en Bourbonnais

Son premier séjour à Vichy (1)

Parmi les nombreux personnages célèbres qui, depuis le XVIIe siècle, sont venus demander le rétablissement de leur santé aux eaux thermales de notre province, il en est un qui se détache nettement des autres, et vers lequel vont indiscutablement toutes nos préférences ; ce person-

---

(1) Conférence faite aux « Amis de Montluçon », le 2 mai 1914.

nage — vous l'avez déjà deviné — n'est autre que la Marquise de Sévigné. A Bourbon-l'Archambault, son nom est aussi populaire que celui de Madame de Montespan ; à Vichy, sa physionomie souriante semble planer au-dessus de la ville, et le joli Pavillon qui porte son nom (1) attire beaucoup plus de visiteurs que ne le fait le Châlet de l'empereur Napoléon III ; enfin, un peu partout dans la province, les habitants vous parlent d'elle avec une fierté familière, comme de quelqu'un qui les touche de près et les honore. Pourquoi cela ? Est-ce parce qu'elle est une des figures les plus gracieuses et les plus spirituelles du XVIIe siècle ? Est-ce parce qu'elle a été la plus tendre, sinon la plus sensée des mères, et qu'elle restera une des gloires de notre littérature ? Oui, sans doute ; mais il est une autre raison, d'un ordre tout particulier, et qui me paraît beaucoup plus forte : c'est que Madame de Sévigné, alors qu'elle était en Bourbonnais, s'est montrée enchantée de nous,

---

(1) Ce n'est pas dans ce *Pavillon* que logea Mad. de Sévigné en 1676 et en 1677, mais bien à l'*Hôtel du Cheval-Blanc* qui « occupait tout l'emplacement actuel de l'Hôtel du Pont-Neuf et celui des maisons qui, du côté de la Place Sévigné, s'étendent entre cet Hôtel et le Pavillon Sévigné ».

Voir, à ce sujet, l'*Histoire Contemporaine de Vichy* de M. A. MALLAT, pp. 212-214.

a trouvé nos eaux merveilleuses et notre pays le plus agréable du monde ; et qu'elle l'a dit en termes excellents, sans arrière-pensée, sans la moindre intention de nous flatter, dans des lettres qui vivront autant que la langue française. Ces éloges, mérités ou non, nous sont allés droit au cœur, et c'est pourquoi, à l'admiration qu'elle nous inspire, sont venus s'ajouter des sentiments d'affection et de reconnaissance.

Mad. de Sévigné a fait trois séjours dans le Bourbonnais, deux à Vichy et un à Bourbon-l'Archambault ; d'autre part, elle parle de ces deux villes, de Moulins, de Pomé, de Gannat, de Langlar et de Lapalisse dans plus de cent cinquante de ses lettres. Notre province a donc occupé, dans sa pensée, une place relativement importante, place qu'il me paraît intéressant de préciser, d'autant plus que cela m'amènera à essayer de montrer ce qu'était une cure à Vichy et à Bourbon vers la fin du XVIIe siècle.

C'est pour se soigner, et non pour son plaisir, que Mad. de Sévigné se rendit à Vichy en Mai 1676. Il me faut donc, tout d'abord, vous entretenir de sa santé, évoquer une Mad. de Sévigné malade, alitée, geignante, ce qui, semble-t-il, n'augure rien de bien attrayant. Heureusement, la marquise de Sévigné est au nombre des rares personnes qui aient su résister à l'influence déprimante de la maladie, et nous intéresser en nous parlant de leurs maux : si elle souffre, et parfois horriblement, au point de ne pouvoir s'empêcher « de crier de toute sa force » ; si son corps est « enflé, boursouflé » ; si elle a « les deux bras empaquetés dans vingt serviettes et ne peut se tenir sur ses jarrets », son visage n'en conserve pas moins sa gracieuse fraîcheur, et son esprit, toute sa vivacité enjouée (1) : elle reste, jusque dans sa maladie, une compagne adorable.

Son mal commence en Janvier 1676 (2) par un torticolis contracté aux Rochers où elle passait alors l'hiver avec son fils. « A force de me parler d'un torticolis (3), vous me l'avez donné. Ce sont,

---

(1) « Mon visage, depuis quinze jours, est quasi tout revenu ». (8 mars 1676).

« C'est une chose plaisante de voir une femme avec un très bon visage, que l'on fait manger comme un enfant ». (22 mars 1676).

« Mon visage n'est point changé ; mon esprit et mon humeur ne le sont guère ; je suis maigre et j'en suis bien aise. (22 mars 1676).

Son rhumatisme n'alla jamais jusqu'à l'esprit, comme aurait dit Bussy (Lettre de Bussy du 20 mai 1691).

(2) Exactement le 12 janvier, car le 19 elle écrit : « J'en suis au 8ᵉ jour ».

(3) Mad. de Grignan avait récemment souffert d'un torticolis et lui en avait parlé à diverses reprises. (Lettre du 5 janvier 1676).

mes chers enfants, de ces petits maux que personne ne plaint, quoiqu'on ne fasse que criailler. Mon fils s'en pâme de rire : je lui donnerai sur le nez tout aussitôt que je le pourrai ». Mais si on ne la plaint guère, au début, parce qu'on ne croit pas à la gravité du mal, il n'en va pas de même quelques jours après, lorsqu'on s'aperçoit que ce torticolis « est un très bon petit rhumatisme, sans repos, sans sommeil. » Alors, son fils ne songe plus à rire, et déclare que les douleurs de sa mère sont « si cruelles que l'état où on la voit fend le cœur à tous ceux qui l'aiment. » C'est lui qui écrit généralement sous sa dictée (1), car jusqu'au mois de Mars elle ne pourra se servir de sa main droite. Le 27 janvier, elle est déjà « restée seize jours sur les reins sans pouvoir changer de situation ». La douleur, il est vrai, a un peu disparu, mais tout son corps est enflé et couvert de sueur. Elle est

---

(1) Charles de Sévigné resta auprès de sa mère jusqu'à la fin de Février — époque où il se rendit à Paris — et fut pour elle un garde-malade excellent. « Il se connaissait joliment en fièvre et en santé », parlait remèdes comme un médecin, « avait pitié de toutes ses douleurs », lui faisait la lecture, et l'entretenait en bonne humeur par ses plaisanteries et sa gaîté. « Le *frater* », dit-elle, « m'a été d'une consolation que je ne puis vous exprimer ». ..... « Je voudrais qu'il ne fût pas mon secrétaire, pour vous dire ce qu'il a fait en cette occasion ».

impotente et s'en désole : « Je ne comprends pas »,
dit-elle, « qu'on puisse vivre sans pieds, sans
jambes, sans jarrets et sans mains » ; et l'on peut
ajouter : sans main droite surtout, puisque cela la
privait d'un des plus grands plaisirs de sa vie,
celui de correspondre elle-même avec sa fille

Madame de Sévigné avait joui jusque-là,
« d'une santé parfaite » (1), bien qu'elle la traitât
souvent avec une suprême insolence (2). A qui lui
aurait dit : « Vous serez malade un jour », elle

---

(1) Jusqu'en Janvier 1676, elle n'avait eu que des indispositions passagères et peu graves, telles que *vapeurs* et
oppressions. C'est, du reste, ce qui ressort nettement des
deux citations suivantes :

« Sa maladie a été rude et douloureuse pour la première
qu'elle ait eue en sa vie ». (Charles de Sévigné, lettre du
21 janvier 1676).

« J'ai été malade, de bonne foi, pour la première fois de
ma vie,

Et pour mon coup d'essai, j'ai fait un coup de maître ».
(16 février 1676).

Voir ses lettres du 6 mai 1671, du 20 mai 1672, du 5 sept.
1674, du 10 juillet 1675, du 6 et du 7 août 1675, du 29 sept.
1675 ; celle que lui écrit La Rochefoucault le 9 février 1673,
et celle que lui envoie Bussy le 16 août 1674.

(2) « Je suis passée de l'excès de l'*insolence* pour la santé,
à l'excès de la timidité ». (8 mars 1676).

« De tous les maux que je pouvais avoir, c'est le plus
propre à corriger mon *insolence* ». (15 mars 1676).

aurait volontiers répondu : « Oui, mais je ne *la* suis pas encore ». Aussi, éprouva-t-elle une déception cruelle lorsque la maladie vint fondre sur elle. « Je ne me croyais pas sujette à la loi commune », dit-elle... « J'ai perdu la jolie chimère de croire d'être immortelle. Présentement, je commence à me douter de quelque chose, et me trouve humiliée jusqu'au point d'imaginer que je pourrais bien passer, un jour, dans la barque, comme les autres, et que Caron ne fait point grâce ».

A cette déception, que je crois réelle, bien que Mad. de Sévigné en parle sur un ton de badinage évident, s'ajoute une humiliation profonde et facile à comprendre. Représentez-vous, en effet, Mad. de Rabutin-Chantal, marquise de Sévigné, « la plus jolie femme de France » (1), vive, alerte, sémillante, enjouée, objet d'admiration à la Cour comme à la Ville, soudain clouée au lit par un méchant rhumatisme qui ne lui laisse remuer ni bras, ni jambes, la maintient seize jours consécutifs sur les reins, et « l'assujettit à toutes sortes de dépendances fâcheuses », et vous conviendrez que c'est là « le plus étrange des noviciats », et qu'elle a raison de s'écrier : « Jamais une femme

----

(1) Voir les lettres de Bussy à Mad. de Sévigné du 21 nov. 1666, du 9 juin 1668 et du 6 nov. 1677.

n'a été plus humiliée, ni plus traitée contre son tempérament ». Heureusement, Mad. de Sévigné ne tarde pas à se ressaisir et à faire contre fortune bon cœur ; sa bonne humeur revient, et, avec elle, tous les charmes de son esprit. Ecoutez-la parler de son rhumatisme comme elle ferait d'un chef-d'œuvre de notre littérature classique, en admirer la belle ordonnance et la progression logique : « Je vous assure qu'un rhumatisme est une des belles pièces qu'on puisse avoir : j'ai un grand respect pour lui, il a son commencement, son augmentation, son période et sa fin; heureusement, c'est dans ce dernier terme que nous sommes ». Il lui sert de thème à ses admirables badinages, et parfois il excite sa verve presque à l'égal du mariage de Mademoiselle de Montpensier avec Lauzun : « Devinez ce que c'est, ma fille, que la chose du monde qui vient le plus vite et qui s'en va le plus lentement, qui vous fait approcher le plus près de la convalescence, et qui vous en retire le plus loin, qui vous fait toucher l'état du monde le plus agréable et qui vous empêche le plus d'en jouir, qui vous donne les plus belles espérances du monde et qui en éloigne le plus l'effet : Ne sauriez-vous le deviner ? Jetez-vous votre langue aux chiens ? C'est un rhumatisme. Il y a vingt-trois jours que j'en suis malade ».

Enfin, c'est une chose qu'elle connaît si bien et

qui l'intéresse si profondément, qu'elle déclare
plaisamment vouloir le prendre comme sujet d'un
livre qu'elle se propose d'écrire. Que n'a-t-elle mis
son projet à exécution ! Nous aurions certainement un chef-d'œuvre de plus, — chef-d'œuvre
littéraire sur un sujet scientifique, — que les
savants auraient, sans doute, trouvé un peu super-
ficiel, mais qui aurait été le régal des délicats.

Sa maladie retarda son retour à Paris où elle
ne se rendit que lorsqu'elle eut « repris ses forces »,
c'est-à-dire au commencement d'Avril (1). Toutefois, elle était encore loin d'être guérie. « Le
changement d'air », écrit-elle, « me fait des mira-
cles, mais mes mains ne veulent point encore
prendre part à cette guérison... Je me tourne la
nuit sur le côté gauche, je mange de la main
gauche ; voilà bien du gauche ».

Ce qui la préoccupe, en effet, c'est sa main
droite, et cette main droite ne veut entendre
encore à nulle autre proposition qu'à celle d'écrire
à Mad. de Grignan (2). « On lui présente une

----

(1) Sans son rhumatisme, elle se serait rendue à Paris
« dans le mois de février ». (12 janv. 1676).

(2) Les lettres qu'elle avait dictées, et celles qu'elle écrit
maintenant de sa main encore toute enflée, sont relativement
courtes : « Je ne fais qu'effleurer tout ce chapitre », dit-elle,
« et j'étrangle toutes mes pensées, à cause de mes pauvres
mains ». (8 avril 1676).

cuiller, point de nouvelle ; elle tremblotte et renverse tout ; on lui demande encore d'autres certaines choses, elle refuse tout plat !... »

Les médecins qu'elle consulte — car elle en consulte plusieurs et non des moindres — lui « conseillent des petits remèdes si différents pour ses mains, que pour les mettre d'accord, elle n'en suit aucun (1) ». Ils lui conseillent également — et ils sont unanimes sur ce point (2) — d'aller prendre les eaux ; mais cette unanimité touchante cesse

____

(1) Mais jusque-là, elle avait fait tous ceux qu'on lui avait conseillés :

Elle se fait saigner du pied et pratique l'abstinence (lettre du 19 janvier) ;

se sert de l'eau de la reine d'Hongrie, mais déclare que ce remède lui a été contraire pendant tout son mal (let. du 9 fév.);

se purge avec de la poudre du vieux de l'Orme, et trouve le remède admirable (let. du 3 et du 15 mars) ;

fait des lavages à ses mains de l'ordonnance du vieux de l'Orme, ordonnance que son fils vient de lui envoyer de Paris (let. du 11 mars) ; mais espère beaucoup plus du temps qu'à toutes les herbes du bonhomme (let. du 15 mars) ;

fait suer ses mains à la fumée de beaucoup d'herbes fines, sur le conseil de Villebrune, qui était « un très bon médecin » ; a foi en ce remède (let. du 18 mars) ; mais quatre jours après, déclare que les sueurs ne lui font rien et que c'est du chaud qu'il lui faut (let. du 22 mars) ;

arrive à Paris à la fin de Mars.

(2) « Et je me trouve encore trop heureuse que sur Vichy ou Bourbon, ils soient d'un même avis ». (22 avril 1676).

lorsqu'il s'agit de désigner la station thermale qui lui conviendrait le mieux : les uns penchent visiblement pour Vichy et les autres, manifestement pour Bourbon ; de sorte que Mad. de Sévigné, ne sachant qui écouter, prend son temps pour peser les raisons de ces « meilleurs ignorants » de la capitale, ainsi qu'elle les appelle, et tâcher de se décider en connaissance de cause.

Parmi les « ignorants » qui voulaient l'envoyer à Bourbon, se trouvait notre compatriote Charles de l'Orme, alors âgé de 92 ans, qui était, en quelque sorte, son médecin ordinaire, et qu'elle désigne souvent, dans ses lettres, sous le nom de Vieux Bonhomme ou de Vieux de la Montagne (1).

---

(1) Charles de l'Orme naquit à Moulins en 1584, prit ses degrés à Montpellier et mourut à Paris en 1678.

Voir sur cette célébrité bourbonnaise : 1º Un article de l'abbé Joly, dans ses *Remarques sur le Dictionnaire de Bayle* ; 2º Une lettre de Mad. de Motteville, citée par P. Paris au tome IX de son édition de Tallemant des Reaux, p. 457 ; 3º Michel de Saint-Martin, *Moyens faciles et éprouvés dont M. de l'Orme, premier médecin et ordinaire de trois de nos rois, s'est servi pour vivre près de cent ans.* (Caen, 1683, in-12) : 4º Arch. dép. de l'Allier, B, 271. (Notes se rapportant à sa succession, en 1686, et à « François Hardy, escuyer, sieur des Loges, héritier en partie de messire Charles de l'Orme, médecin ordinaire du Roi » ; 5º A. Vayssière, *Les deux de Lorme, Annales bourbonnaises*, Moulins, 1887 ; 6º A. Mallat, *Histoire des Eaux Minérales de Vichy*, t. II, p. 850 et suivantes, Paris, 1915.

Or, Charles de l'Orme était Intendant des eaux de Bourbon et passait, à tort ou à raison, pour n'être pas tout à fait désintéressé lorsqu'il envoyait des malades à ces eaux : « On l'accuse », dit Tallemant des Réaux, « d'avoir pris pension des habitants de Bourbon pour y faire aller beaucoup de monde ». Ces racontars parvinrent aux oreilles de Madame de Sévigné, ainsi qu'en fait foi la phrase suivante : « Il veut Bourbon mais c'est par cabale », et ne furent probablement pas étrangers à la décision qu'elle finit par prendre de ne pas aller à Bourbon et de « suivre les expériences qui étaient pour Vichy » (1).

---

(1) Il est curieux de suivre les hésitations de Mad. de Sévigné. Le 28 mars, en se rendant de Bretagne à Paris, elle songeait à aller à Bourbon : « Si je vais à Bourbon, et que vous y veniez, ce sera ma véritable santé ».

Le 8 avril, elle a « toujours dessein d'aller à Bourbon », mais elle déclare qu'on prend plaisir à l'en détourner, sans savoir pourquoi, malgré l'avis de tous les médecins, de sorte qu'elle ne sait pas encore si elle se décidera pour Bourbon ou pour Vichy.

Le 10 avril, elle reparle de Vichy, mais ne dit pas si elle ira dans cette dernière ville ou à Bourbon. Son fils, toutefois, croit qu'elle ira à Bourbon. Enfin, le 15 avril, elle a définitivement pris son parti : « J'irai à Vichy, on me dégoûte de Bourbon, à cause de l'air..... La maréchale d'Estrées veut que j'aille à Vichy ; c'est un pays délicieux ».

Donc, elle se décide pour Vichy vingt-cinq ou vingt-six

D'ailleurs, Vichy l'attirait pour plusieurs raisons : D'abord, elle y serait « plus près » (1) de sa fille, et cette dernière aurait un voyage moins pénible à faire dans le cas où elle se déciderait à « venir la voir ». En second lieu, on lui disait « mille biens » de Vichy ; on lui vantait son « bon air » (2) et l'efficacité de ses eaux (3) ; enfin, les médecins lui recommandaient la tranquillité, et cette tranquillité elle pensait la trouver plus-

---

jours avant son départ pour cette ville, et, ce faisant, « désobéit un peu », au vieux de l'Orme (let. du 6 mai 1676).

(1) Mad. de Sévigné avait une sensibilité d'une nature si délicate, qu'elle souffrait ou se réjouissait chaque fois qu'augmentait ou diminuait la distance qui la séparait de sa fille. Elle revient fréquemment sur cette idée ; en voici deux exemples : 1º Avant de partir de Vichy pour Paris : « Je boirai encore huit jours, et puis, je penserai *avec douleur à m'éloigner de vous* (1er juin) ; 2º Après un voyage de Paris aux Rochers : « *J'ai senti les douleurs de ce second éloignement*, et je les sens encore tous les jours. Il me semble que nous étions assez loin : encore cent lieues d'augmentation *m'ont blessé le cœur* » (2 oct. 1675)·

(2) « La beauté du pays et la *pureté de l'air* m'ont décidée (17 avril) ;

« La beauté des promenades et *la bonté de l'air* l'ont emporté sur Bourbon » (22 avril).

(3) « On m'a assurée que les eaux y sont meilleures qu'à Bourbon » (17 avril).

grande à Vichy qui, à cette époque, était beaucoup moins fréquentée que sa voisine (1).

Mad. de Sévigné partit pour Vichy le 11 mai (2), à la pointe du jour. Lorsqu'on part en voyage d'aussi bon matin, et qu'en outre, on est souffrant, comme l'était Mad. de Sévigné, qu'on « ne peut fermer les mains, qu'on a mal aux genoux, aux épaules, et qu'on se sent plein de sérosités », on ne donne généralement pas un souper la veille, dans sa propre maison. C'est pourtant ce que fit Mad. de Sévigné. Elle invita quelques intimes, au nombre desquels se trouvaient Mad. de Coulanges, son mari, Mad. de la Troche, M. de la Trousse, Mlle

---

(1) « L'expérience de mille gens, et le bon air, et *point tant de monde*, tout cela m'envoie à Vichy » (6 mai).

(2) En partant le 11 mai, Mad. de Sévigné « désobéissait » au vieux de l'Orme sur un second point, car « il ne voulait pas qu'elle parte avant la fin du mois ». D'autre part, elle reconnaissait elle-même que « le mois de Juin est meilleur que celui de Mai pour prendre les eaux ». Dès lors, pourquoi partir au commencement de Mai ? Les raisons qu'elle donne pour motiver son départ à cette date, paraissent bien faibles : 1° « Tout le monde s'en va » (quitte Paris) ; 2° « La maison que j'ai retenue m'échappe » (elle cherchait un nouveau logement).

On trouverait peut-être la raison déterminante de son départ le 11 mai, dans la hâte toute naturelle qu'elle devait avoir d'éprouver l'efficacité des eaux de Vichy.

de Montgeron et Corbinelli, à venir lui « dire adieu en mangeant une tourte de pigeon ». Il est vrai qu'elle laissait à Paris, pour remettre tout en ordre, et prendre soin de sa maison, un être qui lui était profondément dévoué, qui ne l'avait pour ainsi dire pas quittée depuis quarante ans, à qui elle devait tout le plaisir et tout le repos de sa vie, et qu'elle désigne souvent dans ses lettres, sous le nom de *Bien Bon* ; c'était Christophe de Coulanges, abbé de Livry, son tuteur, ou pour mieux dire, son second père et son bienfaiteur (1).

Quel était l'état d'esprit de Mad. de Sévigné au moment de son départ ? Nous n'avons qu'à consulter ses lettres pour être fixés ; car, ne l'oublions pas, elle y dit tout ce qu'elle pense, surtout dans celles qu'elle écrit à sa fille.

Elle quittait le Bien Bon (2) et le laissait à Paris « avec un seul laquais », car « il avait voulu

____

(1) Mad. de Sévigné avait un an à la mort de son père, et six ans à celle de sa mère. Elle fut élevée par son oncle maternel, Christophe de Coulanges, abbé de Livry, qu'elle eut le bonheur de garder pendant plus de cinquante ans Elle allait souvent le voir à Livry, en Ile-de-France, près de la forêt de Bondy.

(2) Le Bien Bon avait d'abord songé à l'accompagner puis il avait jugé prudent — vu son âge et son état de santé,— de rester à Paris.

lui donner ses deux chevaux pour lui en faire six, avec son cocher et Beaulieu ». Qu'allait-il devenir ? Qui prendrait soin de lui pendant son absence ? etc... Telles sont les pensées qui la préoccupent avant de le quitter, et qui l'obséderont jusqu'à son retour. « *Il est difficile que j'aie l'esprit tranquille* » écrit-elle, « étant si loin de l'abbé ; il me semble toujours qu'il va tomber malade ».

A l'inquiétude qu'elle avait au sujet de la santé du Bien Bon, s'ajoutait un certain mécontentement causé par un manque de « complaisance » de sa fille. Mad. de Sévigné, en effet, aurait voulu que Mad. de Grignan vînt la rejoindre à Vichy, et puis l'accompagnât à Paris pour y passer l'hiver(1). Or, Mad. de Grignan n'acceptait que la première partie de ce programme, prétextant que ses affaires ne lui permettaient pas une aussi longue absence. « Cette clause de retourner chacun chez soi », faisait « transir » Mad. de Sévigné qui se plaint amèrement de ne pas trouver chez sa fille ces marques d'amitié qui lui auraient fait une joie si sensible ; « vous êtes une personne », lui dit-elle,

---

(1) « Voilà » disait-elle, « comme on fait une visite à une mère que l'on aime, voilà le temps que l'on lui donne, et comme on la console d'avoir été bien malade ».

« dont on ne peut espérer ces sortes de complaisances. Je connais vos tons et vos résolutions.....
Je n'ose appuyer sur ces pensées ; *elles troublent
entièrement la tranquillité* qu'on ordonne dans ce
pays » (1).

Une autre combinaison se présentait : Mad. de
Sévigné, au lieu de retourner toute seule à Paris,
aurait pu accompagner sa fille en Provence, et
c'est précisément ce que cette dernière lui avait
proposé. Oui, mais que serait devenu le Bien Bon ?
Ne l'attendait-il pas à Paris « avec impatience ? »
Allait-elle allonger cette séparation qu'il trouvait
déjà si longue et qui lui « coûtait tant ? » « Les
serrements de cœur », ajoute-t-elle, « ne sont pas
bons quand on est vieux ». Avouez qu'on est parfois bien malheureux quand on a le cœur fait
comme l'avait Mad. de Sévigné. Partagée entre
deux affections également fortes, elle souffre visiblement, hésite, raisonne et finit par se décider à
faire ce qu'elle appelle son devoir en sacrifiant au
Bien Bon jusqu'à la pensée d'aller à Grignan.
« Voilà », déclare-t-elle, « les endroits où l'on fait

____

(1) Et elles la troublaient d'autant plus que Mad. de Sévigné savait que sa fille n'était nullement influencée dans son
refus par M. de Grignan. « C'est donc vous, ma fille », lui
écrit-elle, quelques jours avant de quitter Paris, « c'est vous
qui me refusez de venir passer ici avec moi l'été et l'automne,
ce n'est point M. de Grignan ». (Lettre du 4 mai 1676).

céder ses plus tendres sentiments à la reconnaissance ».

Il y a, vous le voyez, un bel équilibre de sensibilité et de sagesse en Mad. de Sévigné. La raison,
chez elle, ne perd jamais ses droits, et sait, quand
il le faut, « gouverner » ce qu'elle appelle ses faiblesses. Nous en trouvons une autre preuve dans
le parti qu'elle prend de ne pas laisser venir sa
fille à Vichy ; et voici comment elle raisonne :

« Le voyage est long et dangereux, et par le
chaud, c'est une affaire », d'ailleurs, « je ne vous
aurais que pour huit jours », et cela ne compen-
serait pas « la peine de la séparation », car « vous
me tenez par tant d'endroits que je sens cette peine
plus que les autres. Je meurs de vous voir, mais
j'ai peur de vous quitter, j'ai peur de vous suivre ;
j'ai peur enfin « que ce mouvement n'en empêche
un autre ». Il vaut donc mieux « que vous gardiez
toute votre amitié et tout votre argent pour venir
cet hiver me donner la joie et la consolation de
vous embrasser ». Ainsi, c'est par pur raisonnement qu'elle n'écoute pas l'envie qu'elle aurait
eue d'avoir sa fille à Vichy (1).

------

(1) Dans ses lettres de Vichy, elle fait, à maintes reprises
des réflexions « sur les lois que l'on s'impose, et sur le martyre
que l'on se fait souffrir, en préférant si souvent son devoir,
à son inclination », et, par sa conduite, elle en donna « *un
bel exemple* ». (18 juin 1676).

Enfin, Mad. de Sévigné avait une préoccupation d'un autre genre. Son fils servait comme guidon (1) dans l'armée des Flandres qui se trouvait, à ce moment même, en présence de l'armée du prince d'Orange. Une bataille meurtrière paraissait imminente, et Mad. de Sévigné était « dans une entière ignorance de toutes nouvelles », ce qui ajoutait à ses mortelles inquiétudes. « *Les nouvelles de la guerre me tiennent fort à cœur* », écrit-elle le 15 mai ; « cela n'est pas bon pour prendre des eaux ; mais que faire quand on a quelqu'un à l'armée ? Il faudrait donc ne les prendre qu'au mois de Janvier ? » Ainsi, tout semblait concourir pour troubler la tranquillité d'esprit de Mad. de Sévigné, et nous la croyons sans peine lorsqu'elle nous dit qu'il lui était difficile d'être *spensierata*, c'est-à-dire dans cet état d'heureuse insouciance où il faut être pour que les eaux produisent un effet salutaire.

Mad. de Sévigné mit six jours pour arriver à

---

(1) Il avait payé cette charge de *guidon* 25.000 écus. (Lettre du 9 oct. 1675). « Les *guidons* étaient des officiers qui prenaient rang après les enseignes. Il y avait un guidon dans chaque compagnie d'ordonnance de la gendarmerie. C'était lui qui portait ce petit drapeau particulier aux compagnies des gendarmes et appelé aussi *guidon* ». (*Les Grands Ecrivains de France, Madame de Sévigné*, tome Iᵉʳ, p. 205).

Moulins (1), et elle y arriva, nous dit-elle, très agréablement. Le temps était admirable, la grosse chaleur s'était dissipée sans orage ; elle souffrait un peu moins, trouvait le pays très beau, et reconnaissait avec plaisir sa belle rivière de Loire, sa vieille amie, qui lui paraissait quasi aussi belle qu'à Orléans. Elle suivait le chemin que Mad. de Montespan avait pris quelques jours auparavant pour se rendre à Bourbon, et prenait plaisir à se faire « conter partout ce qu'elle avait dit, ce qu'elle avait fait, ce qu'elle avait mangé, ce qu'elle avait dormi ». Bien qu'elle eût amené son grand carrosse, et qu'elle eût six chevaux, y compris les deux du Bien Bon, son équipage devait sembler un peu sommaire aux gens qui avaient vu passer Mad. de Montespan. Celle-ci, en effet, « voyageait dans une calèche à six chevaux avec la petite de Thianges (2) ; elle avait un carrosse

-----

(1) Elle évita de passer par Fontainebleau à cause de la douleur qu'elle avait sentie en reconduisant sa fille jusque-là l'année précédente. (Lettres du 6 mai et du 12 mai 1676). — Elle était accompagnée de la « bonne d'Escars » qui prit d'elle des soins infinis. Monmerqué, dans son édition des lettres de Mad. de Sév., dit que cette d'Escars, alors âgé de 66 ans, était probablement la troisième sœur de Mad. de Hautefort, qu'elle ne manquait ni de beauté, ni d'esprit, et atteignit l'âge de 103 ans.

(2) Mlle de Thianges, fille du marquis de Thianges et de

derrière attelé de la même sorte, avec six filles ;
elle avait deux fourgons, six mulets et dix ou
douze cavaliers à cheval, sans ses officiers ; son
train était de quarante-cinq personnes ».

Mad. de Sévigné en parlant de la grande favo-
rite, ne laisse percer aucune ironie, aucun sentiment d'envie ; bien plus, elle saisit toutes les occasions de célébrer ses louanges, de vanter son bon
cœur et son bon sens : « On lui vient demander
des charités pour les églises ; elle jette beaucoup
de louis d'or partout fort charitablement et de
fort bonne grâce... » Mais il n'en est pas moins
vrai qu'on a l'impression qu'elle s'estime heureuse
de ne pas la suivre à Bourbon où elle aurait trouvé
la contrainte du monde et des visites, au lieu de
la tranquillité et de la liberté d'aller et de venir
à sa guise dont elle pensait jouir à Vichy.

Mad. de Sévigné arriva à Moulins le 16 mai,
au soir. Cette ville, qu'elle ne connaissait pas,
devait cependant lui rappeler de chers et douloureux souvenirs. Elle logea chez Mad. Foucquet (1),

---

Gabrielle de Rochechouart Mortemart, était la sœur aînée
de Madame de Montespan. Elle mourut en 1715.

(1) Après la condamnation du surintendant Foucquet, sa
femme, sa mère et son frère reçurent l'ordre de se rendre à
Montluçon. Cet ordre fut donné le 21 déc. 1664, et les trois
exilés arrivèrent vraisemblablement à leur gîte le 26 du même

femme du Surintendant, qui, après avoir passé quelques années à Montluçon, « au fond de l'Auvergne » (1), était allée résider à Moulins où elle se trouvait alors avec sa belle-mère, son beau-frère et un de ses fils. On dut naturellement s'entr tenir longuement du cher prisonnier de Pignerol, dont le souvenir était toujours vivant dans le cœur de Mad. de Sévigné (2).

---

mois. La mère de Foucquet avait permission d'aller chez sa fille, abbesse du Parc-aux-Dames, près de Senlis, mais préféra accompagner sa belle-fille et son fils à Montluçon. (Voir les lettres de Mad. de Sévigné du 21, du 24 et du 26 déc. 1664)

Un peu plus tard, les deux dames Foucquet allèrent habite. Moulins et firent l'acquisition d'une « jolie maison » de camr pagne, située à Pomé. Lors de son premier passage à Moulins,- Mad. de Sévigné vit Mad. Foucquet, femme du surintendant, mais ne dit pas avoir vu Mad. Foucquet mère, qui devait alors se trouver à Pomé.

Sur la famille du surintendant Foucquet à Montluçon, à Moulins et à Pomé, voir : 1º A. Vayssière, *Archives historiques du Bourbonnais*, tome Iᵉʳ, pp. 139-151 (Moulins, 1890) ; 2º Le chanoine J. Clément, *Montluçon et ses richesses d'art* (Moulins, 1925).

(1) Mad. de Sévigné n'était pas très forte en géographie ; l lui arrive même de dire que la Loire passe à Moulins. (Voir, lettre du 23 octobre 1676).

(2) Chacun sait l'intérêt passionné qu'elle avait pris au procès de Foucquet ; mais ce qui est peut-être moins connu et ce qui explique, en partie, la conduite courageuse et louable de la marquise, c'est que Foucquet l'avait aimée et lui avait fait, sans succès d'ailleurs, une cour assidue. (Voir la lettre

Le lendemain de son arrivée, elle admire, tout comme Mad. de Grignan l'avait fait cinq ans auparavant (1), lors de son passage à Moulins, le tombeau du duc de Montmorency (2), cette superbe élégie en marbre que la veuve du duc, Marie-Felice des Ursins (3), avait fait élever vingt-cinq ans auparavant, dans l'église de la Visitation, aujourd'hui la chapelle du Lycée (4) ; elle voit les

---

de Bussy à Mad. de Sévigné du 17 août 1654, et la réponse que Mad. de Sévigné fit à cette lettre).

(1) Mad. de Grignan arriva à Moulins le 11 février 1671. Elle écrivit à sa mère « des merveilles du tombeau de M. de Montmorency et de la beauté de Mlles de Valençay » (Lettres du 11 et du 18 février 1671), qu'elle rencontra avec leur mère, la marquise de Valençay, priant près du magnifique mausolée. La marquise de Valençay était la fille aînée de François de Montmorency, comte de Bouteville, décapité en 1627, et la nièce d'Henri, duc de Montmorency, décapité à Toulouse en 1632.

(2) Ce tombeau fut dessiné et en partie exécuté par François Anguier.

(3) Marie-Felice des Ursins, retirée au couvent de la Visitation à Moulins depuis la mort de son mari en 1632, se fit religieuse en 1657, et mourut, en 1666, supérieure de ce couvent où était conservé le cœur de Sainte Chantal.

(4) On peut encore voir au Lycée de Moulins, dans le mur d'un des couloirs de la cour d'honneur, la pierre de fondation de la Chapelle. Sur cette pierre se trouve l'inscription suivante:
Très haulte et Très excellente Princesse Madame Marie-Felice des Ursins, vefve de Très hault et Très puissant Seigneur

deux petites Valençay, petites-nièces du duc de Montmorency, qu'elle trouve belles et aimables, et qui lui parlent des souvenirs que Mad. de Grignan avait laissés à Moulins ; elle dîne, enfin, ch z les Dames de Ste-Marie, et, après vêpres, écrit une lettre dans la chambre où sa grand'mère paternelle, Ste Chantal, fondatrice de l'ordre de la Visitation, était morte, en 1641.

Mad. de Sévigné gardait pour son aïeule, qu'elle avait probablement connue, une vénération profonde : « Vouloir surpasser la Mère Chantal », dit-elle (elle dit Mère Chantal, parce que Jeanne-Françoise Fremyot, baronne de Chantal, ne fut canonisée qu'en 1757), « c'est proprement vouloir aller par delà paradis ». Aussi, dut-elle éprouver une vive et pieuse émotion dans la chambre où sa sainte aïeule avait rendu le dernier soupir.

Mad. de Sévigné quitta Moulins le 18 mai et arriva à Vichy le soir même, ayant accompli en sept jours un voyage qu'on fait aujourd'hui en moins de sept heures. Elle y fit une entrée presque triomphale : Mad. de Brissac, Mad. de Longueval, Mad. de St-Hérem et deux

---

Messire Henry Duc de Montmorency et D'ampville (*sic*), Pair et Mareschal de France, A posé la première pierre de ceste Aedifice le 14 May 1650, qui a esté construict par ces libéralitez

ou trois autres vinrent la recevoir au bord de la jolie rivière d'Allier ; M. de St-Hérem (1), M. de la Fayette (2), l'abbé Dorat (3), Plancy (4) et d'autres encore suivaient dans un second carrosse, ou à cheval. On la reçut « avec une grande joie », et puis carrosses et cavaliers l'escortèrent jusqu'à l'hôtel qu'elle devait habiter.

La compagnie qui l'attendait à Vichy était relativement restreinte et ne comprenait aucun grand personnage, de sorte qu'elle put conserver, à peu près, son entière liberté (5) ; en second lieu, elle

----

(1) M. de St-Hérem était grand louvetier de France, et devint gouverneur de Fontainebleau et capitaine des chasses. On voit encore dans la forêt de Fontainebleau la Croix de St-Hérem.

(2) M. de la Fayette était le second fils de l'amie intime de Mad. de Sévigné, l'auteur de la *Princesse de Clèves*.

(3) L'abbé Dorat, docteur de Sorbonne, abbé de Saint-Germain et curé de Massy.

(4) Henri de Guénégaud, marquis de Plancy, était le troisième fils de Madame du Plessis-Guénégaud. Il mourut en 1722 « après avoir servi, et fort ennuyé le monde », dit Saint-Simon. (Tome XIX, p. 324).

(5) L'absence de contrainte, la liberté d'aller et de venir à sa guise, est une des choses que Mad. de Sévigné appréciait le plus. « Je me trouve fort à mon aise toute seule ; je crains qu'il ne me vienne des *madames*, c'est-à-dire de *la contrainte*. (Les Rochers, 2 oct. 1675). « Je comprends le chagrin que vous aurez de quitter Grignan pour aller *dans la contrainte des villes : la liberté est un bien inestimable* ». (6 oct. 1675).

comptait des hommes charmants qui ne furent « occupés que de lui rendre service » ; enfin, l'élément féminin y était représenté par trois figures originales qui lui avaient déjà fourni, ou allaient lui fournir, l'occasion d'exercer sa verve railleuse.

Mad. de Sévigné ne fait que mentionner Mad. de St-Hérem, mais d'après ce qu'elle dit d'elle, avant comme après son séjour à Vichy, il est permis de supposer qu'elle ne lui était pas très sympathique (1). D'autre part, St-Simon, avec cette franchise brutale qui donne tant de piquant à ses *Mémoires*, déclare que « la bonne femme était hideuse à dix-huit ans ». Or, elle en avait cinquante-deux au moment qui nous occupe. A moins qu'elle n'ait embelli en vieillissant, elle devait faire un bien saisissant contraste avec la toute belle et toujours gracieuse marquise (2).

Or, à Vichy, elle n'eut à subir, en somme, que la contrainte que lui imposait son traitement.

(1) Voir ses lettres du 12 août 1677 et du 14 mars 1696.

(2) Elle était d'une maigreur extrême, et cinq ans auparavant, Mad. de Sévigné parle de cette maigreur comme d'une chose qu'il faut bien se garder d'envier : « Que M. de Grignan vous donne du temps pour vous remettre ; autrement, c'en est fait pour jamais ; vous serez toujours *maigre comme Mad. de Saint-Hérem*. Je suis ravie de vous donner cette idée ; *rien ne vous doit faire plus de peur* ; je suis aise d'avoir trouvé cette ressemblance ». (18 déc. 1671).

Mad. de Brissac (1), au contraire, était une « beauté parfaite ». Elle avait trente ans, dansait admirablement, et prenait tant de plaisir à être adorée, qu'elle s'arrangeait toujours de façon à avoir « une bonne provision d'amants pour l'hiver ; son bavardage était intarissable, au point qu'il aurait fallu des « volumes pour raconter ses propos » ; et son langage tellement sophistiqué, qu'on aurait eu, parfois, besoin d'un « truchement pour la comprendre ». Enfin, elle excellait dans l'art de feindre, ce qui la faisait accuser de manquer de sincérité et de droiture (2). Au demeurant,

---

(1) Gabrielle-Louise de Saint-Simon devint duchesse de Brissac en 1663 et mourut en 1684, à l'âge de 38 ans. Elle était la sœur de Saint-Simon, l'auteur des *Mémoires*, et avait 29 ans de plus que lui.

(2) Mad. de Sévigné dit ironiquement : « Vous me demandez ce que je vais faire à Vichy de Mad. de Brissac : je l'ai choisi pour apprendre dans sa société la droiture et la sincérité (4 mai).

Malgré sa maîtrise dans l'art de feindre, il arrivait, parfois, à Mad. de Brissac d'oublier son rôle : «Mad. de Brissac était inconsolable chez Mad. de Longueville ; mais par malheur le comte de Guiche se mit à causer avec elle, et *elle oublia son rôle*, aussi bien que celui du désespoir le jour de la mort de la princesse de Conti ; car il fallait en un certain endroit, qu'elle eut perdu connaissance ; elle l'oublia, et reconnut fort bien des gens qui entraient ». (12 fév. 1672).

Voir également la lettre du 5 fév. 1672. Voir aussi dans

la meilleure et la plus honnête (1) femme du monde. Tel est, en raccourci, le portrait que **Mad.** de Sévigné, elle-même, avait déjà tracé de **Mad.** de Brissac. Elle la connaissait de longue date, et n'était pas fâchée de la retrouver à Vichy afin de pouvoir « se moquer d'elle ». L'occasion ne se fit pas attendre. Le surlendemain de son arrivée, en effet, voici la jolie pièce que donna la duchesse, et à laquelle elle eut la joie d'assister :

« Mad. de Brissac avait aujourd'hui la colique ; elle était au lit, belle et coiffée à coiffer tout le monde ; je voudrais que vous eussiez vu ce qu'elle faisait de ses yeux, et des cris, et des bras, et des mains qui traînaient sur la couverture, et les situations et la compassion qu'elle voulait qu'on eût ; chamarrée de tendresse et d'admiration, j'admirai cette pièce, et je la trouvai si belle, que mon attention a dû paraître un saisissement dont je crois qu'on me saura bon gré ; et songez que

---

les *Mémoires* de l'Abbé Arnauld, tome **XXXIV**, p. 344-346, une curieuse anecdote au sujet de sa désolation après la mort du duc de Longueville.

(1) « Elle a une très bonne provision d'amants pour son hiver, c'est-à-dire **M.** de Longueville et le Comte de Guiche mais en tout bien et en tout honneur : *ce n'est seulement que pour le plaisir d'être adorée* ». Lettre du 13 janvier 1672).

c'était pour l'abbé Bayard (1), St-Hérem, Montjeu (2) et Plancy que la scène était ouverte. En
vérité, vous êtes une vraie pitaude : quand je
songe avec quelle simplicité vous êtes malade, le
repos que vous donnez à votre joli visage, et enfin
quelle différence, cela me paraît plaisant ».

Deux jours après, nouvelle pièce, plus admirable encore que la première, vrai chef-d'œuvre
des cieux, et rempli de si belles choses qu'il faudrait des volumes pour les dire ; le sujet était :
« une convalescence pleine de langueur ». Quelques
jours plus tard, Mad. de Brissac, dont le moindre
défaut était de « tirer sur tout, sans distinction et
sans choix..... de faire main basse sans aucune
considération de qualité, ni d'âge » se mit en tête
d'éprouver l'effet de ses charmes, devinez sur qui ?
Sur un pauvre père Célestin, ni plus, ni moins,
et cela en présence de Mad. de Sévigné qui
ne pouvait en croire ses yeux, tant « l'embrase-
ment » du bon père avait été rapide, et qui lui dit
avec un sourire qu'on devine sans peine : « Vraiment, Madame, vous avez tiré de bien près ce

____

(1) L'abbé Bayard, propriétaire du château de Langlar,
près de Gannat, était arrivé le 20 « pour voir » Mad. de Sévigné.

(2) Gaspard Jeannin de Castille, marquis de Montjeu, était
conseiller au parlement de Metz.

bon père ; vous aviez peur de le manquer.» Mad. de Brissac fit semblant de ne pas entendre, mais elle savait bien que Mad. de Sévigné avait vu brûler le bon Célestin et ne devait pas « pour cela se corriger du plaisir de faire des meurtres ». « Sachez, ma fille », ajoute Mad. de Sévigné, « qu'elle trouverait fort bien à vivre où vous mourriez de faim ».

Tout cela amusait fort Mad. de Sévigné ; elle en riait sous cape et s'empressait de le mander à sa fille. Malheureusement, Mad. de Brissac quitte Vichy le 27 ou 28 mai, pour aller chez Bayard « qui s'en serait fort bien passé », et « après avoir brillé, dansé, fricassé chair et poisson » au château de Langlar, part avec cette fameuse colique qui l'avait amenée à Vichy et que les eaux avaient été impuissantes à guérir (1).

Mad. de Longueval, chanoinesse de Remiremont, n'avait rien, en apparence tout au moins, de la sensibilité féminine. C'est pour cela, sans

____

(1) Quelques jours après, Bayard retourna à Vichy pour rendre compte à Mad. de Sévigné du séjour que la duchesse de Brissac avait fait chez lui. Cela passe encore tout ce que nous avons dit des manières de la duchesse : « Elle mit Bayard au point qu'il crut qu'il ne pouvait se dispenser honnêtement de ce qui s'appelle la tourmenter dans son lit ». (Lettre du 8 juin 1676).

doute, qu'on l'appelait *le chanoine*. Elle était réservée, d'un calme parfait, n'acceptait aucune avance et n'en faisait qu'aux gens qui avaient le don de lui plaire. Elle formait avec Mad. de Brissac « le plus bel assortiment de feu et d'eau qu'on eût jamais vu ». Elles étaient venues à Vichy ensemble (1), la première gouvernant la conscience de l'autre ; mais leur intimité n'avait pas tardé à se refroidir, car voici ce que Mad. de Sévigné écrit le lendemain de son arrivée : « J'ai cru voir déjà que *le Chanoine* en a jusque-là de la duchesse ; vous voyez où je mets la main ? »

La manière dont Mad. de Sévigné se conduisit envers des personnes d'un caractère aussi opposé, montre quelle souplesse elle savait déployer pour plaire et se faire aimer (2). Avec Mad. de Brissac, nous venons de le voir, elle « se chamarre de ten-

---

(1) Mad. de Longueval avait songé, tout d'abord, à se rendre à Vichy avec Mad. de Sévigné ; mais celle-ci refusa : « J'ai refusé Mad. de Longueval pour conserver ma liberté : elle ira avec Mad. de Brissac à qui elle me préfère, et nous nous y retrouverons ».

(2) Mad. de Sévigné s'accommodait à l'humeur de chacun avec une facilité extrême. « Il était dans sa nature vive et prompte » dit un juge compétent, « de se mettre à l'unisson de ceux qui l'entretenaient. Elle est frivole avec Coulanges ; elle eut été gaillarde avec Ninon, austère avec Pascal, sublime avec Bossuet ; avec Bussy, sa malice excitée n'épargne per-

dresse », s'apitoie, comme le ferait une mère, sur des maux supposés ou exagérés, feint d'être dupe afin qu'on lui en « sache bon gré », et aussi pour ne pas interrompre la pièce qu'on lui donne et pouvoir la raconter à sa fille. Sa conduite est toute différente avec le *Chanoine*, car elle « sait que le meilleur moyen de lui plaire, c'est de ne lui rien demander » ; elle prend un air distant, refoule de son mieux ses élans de tendresse, s'enveloppe d'une sorte de manteau de glace qui ne lui sied qu'à moitié, « échauffe » progressivement la froideur du *Chanoine* « en se montrant aussi froide qu'elle », et parvient ainsi, par pure diplomatie, à s'en faire une compagne agréable, avec laquelle elle lit l'Arioste, et s'entretient à cœur ouvert de Mad. de Grignan.

Mais ni la lecture de l'Arioste en tête à tête avec le *Chanoine*, ni les « pièces admirables » de

----

sonne ». (Cousin, dans le *Journal des Savants*, Janv. 1852, et dans *Madame de Sablé*, 1re édition, p. 423).

Il était facile de vivre avec elle, ainsi qu'elle le reconnaît elle-même : « Ah ! mon enfant ! qu'il est facile de vivre avec moi ! »

« Je crois, en vérité, que personne n'a plus de facilité que moi dans le commerce de la vie ». (6 nov. 1680).

« Mon humeur est heureuse, et s'accommode et s'amuse de tout ». (23 août 1671).

Mad. de Brissac, ni même la société de quelques hommes serviables et courtois ne pouvaient intéresser longtemps Mad. de Sévigné, et de fait, nous la voyons pousser un vrai soupir de soulagement lorsque, dix jours après son arrivée à Vichy, ce petit groupe de baigneurs commence à se disperser : « Je vais être *seule* » écrit-elle, « *et j'en suis fort aise* ». Mais elle ajoute aussitôt avec un accent de sincérité profonde : « Pourvu qu'on ne m'ôte pas le *pays charmant*, la rivière d'Allier, mille petits bois, des ruisseaux, des prairies, des moutons, des chèvres, des paysans dansant *la bourrée* dans les champs, je consens à dire adieu à tout le reste : *le pays seul me guérirait* ».

Ainsi, ce qu'elle apprécie par-dessus tout, c'est le charme de la campagne bourbonnaise, charme qui lui paraît suffisamment puissant pour rendre la santé à ceux qui l'ont perdue.

Lorsqu'il nous arrive, à nous, habitants du Bourbonnais, de parler de notre province, nous le faisons généralement avec une modestie exagérée ; nous évitons, comme de parti-pris, de nous servir de superlatifs ; nous hésitons même à employer certaines épithètes que nous prodiguerions, j'en suis sûr, si nous avions à louer un autre pays que le nôtre. Or, ce n'est pas ainsi qu'en use Mad. de Sévigné : elle voit dans le Bourbonnais, des sites dont » la beauté est au-dessus de ce qu'on peut

dire «, et qui « seuls lui redonneraient la santé » ;
elle en admire d'autres où elle voudrait que sa
fille « puisse être transportée par effet de magie
blanche ou noire » et qu'elle trouve « ce qu'il y a
de plus beau, de plus délicieux et de plus extraordinaire au monde ». Et remarquez que Mad. de
Sévigné dit ce qu'elle pense, et qu'il ne faut faire
la part que du langage conventionnel qu'elle emploie, « la plus merveilleuse chose du monde »
signifiant tout simplement une chose merveilleuse (1) ; notez également, qu'elle avait visité
d'autres provinces, telles que la Bretagne, la Nor-
mandie, la Bourgogne, la Provence, et que, par
suite, elle ne manquait pas de points de comparaison ; notez enfin, qu'elle était bon juge en la

---

(1) Ces exagérations verbales, ou expressions qui dépassent
la pensée de celui qui les emploie, sont assez fréquentes dans
les lettres de Mad. de Sévigné. En voici quelques exemples :

« Hier, on fit un service au chancelier à Sainte-Elisabeth.
Je n'y fus point... *mais tout le reste de la terre habitable y
était* ». (1er avril 1672).

« Elle poussera son autorité au-delà des nues ». (28 janv.
1675).

« Cela me fait sauter aux nues ». (janvier 1674).

« Elle est *au-dessus* de ce qu'on peut imaginer de plus
beau ». (4 mai 1672).

« Figurez-vous un jet d'eau *toute la plus bouillante que
vous puissiez vous imaginer* », dit-elle, en parlant des douches
qu'elle prit à Vichy. Etc., etc.

matière puisqu'elle était ce que nous appellerions, de nos jours, une amante de la nature. Oh, sans doute, elle ne l'aimait pas d'un amour passionné, d'un amour à la Rousseau, mais elle savait en goûter le charme et les joies durables à une époque où elle était à peu près universellement dédaignée en France, et où on la martyrisait sous prétexte de la rendre belle. « Pauvre nature ! » C'est l'expression même dont elle se sert, dans une lettre écrite de Langlar, en songeant aux « violences » que l'art lui faisait subir à Versailles. Mad. de Sévigné est, à ce point de vue, un véritable précurseur. Si nous envoyions la colombe à travers toute notre littérature du XVIIe siècle, elle ne trouverait de rameaux verts que dans les lettres de Mad. de Sévigné, et aussi, il faut bien le dire, dans les fables de La Fontaine (1) ; et nous serions fiers, je m'imagine, en reconnaissant que les plus verts de ces rameaux ont poussé dans le Bourbonnais.

Si Mad. de Sévigné est un peu en avance sur son siècle quand elle nous parle de la nature, il n'en est pas de même lorsqu'elle nous entretient

---

(1) Elle en trouverait aussi dans les œuvres de quelques auteurs peu connus, tels que Saint-Amant, Théophile, Racan, Malleville.

des paysans et des paysannes des bords de la
rivière d'Allier. « Je crois », dit-elle, « qu'en y
regardant bien, on y trouverait encore des bergers
de l'Astrée » (1). Je crois, pour ma part, qu'on y
aurait plutôt trouvé des êtres, à peu près pareils
à ceux que décrit La Bruyère dans le passage saisissant, mais un peu poussé au noir, que je vais
vous lire : « L'on voit certains animaux farouches,
des mâles et des femelles, répandus par la campagne, noirs, livides, et tout brûlés du soleil, atta-
chés à la terre qu'ils fouillent et qu'ils remuent
avec une opiniâtreté invincible ; ils ont comme
une voix articulée, et quand ils se lèvent sur leurs
pieds, ils montrent une face humaine et, en effet,
ils sont des hommes. Ils se retirent la nuit dans
des tanières, où ils vivent de pain noir, d'eau et
de racines ; ils épargnent aux autres hommes la
peine de semer, de labourer et de recueillir pour
vivre, et méritent ainsi de ne pas manquer de ce
pain qu'ils ont semé ».

Mad. de Sévigné s'imagine les paysans non pas
tels qu'ils étaient, mais d'après ses lectures ; elle
les voit à travers une sorte de prisme qui les
transforme en personnages d'idylle ; on croirait,

---

(1) Titre du fameux roman pastoral d'Honoré d'Urfé, qui
commença à paraître en 1610.

à lire ses lettres, qu'ils n'avaient d'autres occupations que la danse et les plaisirs champêtres : « C'est une joie », dit-elle, « de voir danser dans ce pays les restes des bergers et des bergères de Lignon » (1). Elle n'a pas pénétré dans leurs villages, n'a pas été témoin de leurs durs labeurs, et s'est naïvement imaginée qu'un pays aussi charmant ne pouvait être habité que par des êtres heureux. En somme, elle reste à la surface, et ne nous parle que de paysans de convention, rappelant ceux qu'Honoré d'Urfé nous a dépeints dans son fameux roman de l'*Astrée*, et faisant pressentir les bergers légendaires de Watteau et de Boucher.

Toutefois, ces réserves faites, nous devons reconnaître qu'il y avait alors sur les bords de l'Allier, de jeunes paysans et de jeunes paysannes alertes et de bonne mine, qui procuraient aux baigneurs une de leurs principales distractions, en dansant la bourrée d'Auvergne et une sorte de tango, appelé *dégoignade* (2), que l'église désapprouvait

---

(1) Petite rivière du Forez, sur les bords de laquelle vivaient les bergers et les bergères de *l'Astrée*.

(2) Voici ce que dit Fléchier sur la *bourrée* et la *goignade* :

« Ce sont deux danses qui sont d'une même cadence, et qui ne sont différentes qu'en figures. La *bourrée d'Auvergne* est une danse gaie, figurée, agréable, où les départs, les rencontres et les mouvements font un très bel effet et divertissent

fort, et qui n'eut d'ailleurs qu'une existence éphémère. Mad. de Sévigné, qui aimait beaucoup la danse (1), et l'avait même pratiquée avec succès, puisqu'elle avait eu l'honneur de danser avec le Roi (2), trouvait ce genre de divertissement si fort

---

fort les spectateurs. Mais la *goignade*, sur le fond de gaieté de la bourrée, ajoute une broderie d'impudence, et l'on peut dire que c'est la danse du monde la plus dissolue. Elle se soutient par des pas qui paraissent fort déréglés et qui ne laissent pas d'être mesurés et justes, et par des figures qui sont très hardies et qui font une agitation universelle de tout le corps. Vous voyez partir la dame et le cavalier avec un mouvement de tête qui accompagne celui des pieds, et qui est suivi de celui des épaules et de toutes les autres parties du corps... Je ne doute point que ce ne soit une imitation des Bacchantes dont on parle tant dans les livres des anciens. M. l'évêque d'Aleth excommunie dans son diocèse ceux qui dansent de cette façon. L'usage en est très commun en Auvergne ». (*Mémoires de Fléchier sur les Grands-Jours d'Auvergne en* 1665. Paris, Hachette, 1862, pp. 257-258).

(1) Elle prenait un très vif plaisir à voir danser au théâtre : « J'ai été hier à l'opéra ». (*Atys*, paroles de Quinault, musique de Lulli). « Il y avait cinq ou six hommes tout nouveaux qui dansent comme Faure, *de sorte que cela seul m'y ferait aller* ». (6 mai 1676).

(2) Bussy a malignement consigné dans son *Histoire amoureuse*, le souvenir d'une de ces soirées de gloire, où elle lui dit, en revenant à sa place : « Il faut avouer que le roi a de grandes qualités ; je crois qu'il obscurcira la gloire de tous ses prédécesseurs ».

à son goût, que « tous les soirs, elle donnait un violon avec un tambour de basque qui lui coûtait quatre sous », pour faire danser les derniers bergers de l'*Astrée* dans les prés et les bocages.

Ces bals champêtres, donnés au son du tambour de basque, et « où l'on se dégoignait extrêmement », ne manquaient ni de charme, ni de pittoresque, ni de poésie, et l'on ne peut s'empêcher de regretter leur disparition lorsqu'on voit l'enthousiasme avec lequel en parle Mad. de Sévigné :

« Tout mon déplaisir », écrit-elle à sa fille, « c'est que vous ne voyiez point danser les bourrées du pays ; c'est la plus surprenante chose du monde : des paysans, des paysannes, une oreille plus juste que vous, une légèreté, une disposition, enfin, j'en suis folle ». — « Je voudrais bien vous envoyer deux filles et deux garçons qui sont ici, pour vous faire voir cette bourrée. Les Bohémiens sont fades en comparaison...Je vous assure que cette bourrée dansée, sautée, coulée naturellement, et dans une justesse surprenante, vous divertirait assurément..... Si on avait à Versailles de ces sortes de danseuses en mascarades, on en serait ravi par la nouveauté ; cela passe encore les Bohémiennes ».

De semblables distractions, au sein d'un pays délicieux, l'intéressaient bien plus que les « pièces » de Mad. de Brissac. Ajoutons que les habitants se montrèrent envers elle d'une amabilité extrême et la comblèrent de présents (1). C'était alors, à l'en croire, « la mode du pays », mode excellente qui, hélas, a disparu de notre belle station thermale, de même que les bourrées d'Auvergne et les neiges d'antan. Enfin, la vie y était d'un bon marché incroyable ; l'on pouvait se procurer deux poulets pour trois sous, et « tout se vendait à proportion » (2). Il faisait bon vivre en Bourbonnais, à cette époque-là, chose que Mad. de Sévigné dut fort apprécier, car elle avait l'esprit pratique.

En somme, vous le voyez, Mad. de Sévigné n'était pas éloignée de croire que Vichy était un vrai pays de Cocagne. Elle y trouvait ce qu'elle y était venue chercher, c'est-à-dire le calme dans un isolement relatif, et ce qu'elle ne s'attendait certainement pas à y trouver au même degré, des habitants affables et généreux, des distractions à son goût et un pays enchanteur ; et tout cela exerça naturellement sur son esprit la plus heureuse des influences.

-----

(1) D'après Claude Fouët, un des médecins de Vichy de l'époque, « les habitants de Vichy étaient naturellement fort honnêtes, civils, sociables, d'humeur engageante, et contribuaient de tout leur pouvoir à la satisfaction de leurs hôtes ».

(2) D'après le Vicomte G. d'Avenel, *Histoire économique de la propriété...* (Paris, 1894), t. IV, p. 272, la livre tournois valait 1 franc 48, en 1676 ; ce qui met les deux poulets dont parle Mad. de Sévigné à 0 fr. 22.

D'ailleurs, elle recevait de l'armée des nouvelles excellentes (1) qui lui donnaient « l'espérance de revoir bientôt son fils gai et gaillard » ; elle oubliait peu à peu le manque de complaisance de sa fille dont elle trouvait les lettres « très parfaitement aimables », et se consolait de n'avoir pas le Bien Bon près d'elle, en pensant qu'il aurait fait à Vichy un mauvais personnage, car, dit-elle, quand on ne boit pas, on s'ennuie.

Si donc, au début de sa cure, elle n'était pas *spensierata* (2), il est probable qu'elle ne tarda pas à le devenir suffisamment pour que les eaux lui produisissent l'effet qu'elle en attendait.

(1) Voir ses lettres des 19, 21 et 28 mai.

(2) Ce mot italien dont elle se sert, signifie *sans penser, nonchalante.*

Son premier séjour à Vichy (1)

Dans ma première causerie sur Mad. de Sévigné
— causerie qui remonte à sept années déjà —
rous avons constaté qu'une amélioration sensible
s'était produite dans l'état de son esprit peu de
temps après son arrivée à Vichy : d'une part, ses
inquiétudes au sujet de son fils et du Bien Bon
avaient cessé, et les légers nuages qui s'étaient
élevés entre elle et sa fille paraissaient entièrement dissipés ; d'autre part — et je me propose
de revenir sur ce point — le nouveau milieu où
elle se trouvait, et le genre de distractions qu'elle
y prenait, exerçaient sur elle une influence des

(1) Conférence faite aux « *Amis de Montluçon* », en Décembre 1921.

plus apaisantes, si bien que l'on peut dire, sans trop risquer de se tromper, qu'elle se trouvait, ou était bien près de se trouver, dans cet état d'heureuse insouciance qu'elle désigne elle-même sous le nom de *spensierata*, et où, croyait-elle, il fallait qu'elle fût « pour bien prendre les eaux ». Aussi fit-elle, ainsi que nous allons le voir dans cette deuxième causerie, une cure excellente.

Mais, avant de vous entretenir de cette cure — sujet un peu technique et légèrement aride au premier abord — je voudrais essayer d'évoquer la gracieuse figure de Mad. de Sévigné, vous la montrer à peu près telle qu'elle devait être en Mai 1676, et ensuite préciser l'état de cette santé qui la préoccupait tant et qu'elle était venue soigner à Vichy. Pour ce faire, je n'aurai qu'à glaner dans les lettres qu'elle écrit pendant sa maladie, car elle s'y montre tout particulièrement prodigue de détails sur elle-même.

Bien qu'ayant alors dépassé la cinquantaine, Mad. de Sévigné ne semble pas avoir trop souffert de l'outrage des ans (1) ; elle est encore, permettez-

------

(1) Elle en a souffert un peu, mais, de son propre aveu, beaucoup moins que d'autres. Cinq ans auparavant elle écrit : « Quoique le temps ne m'ait pas fait tout le mal qu'il fait aux autres, il ne laisse pas de m'avoir ôté mille petits agréments qui ne laissent que trop de marques de son passage. »

moi l'expression, admirablement conservée, au point qu'elle-même s'étonne qu'il en soit ainsi : « j'ai si bon visage », écrit-elle, « que cela est ridicule d'être encore comme il est, son teint » (1), « qu'on louait depuis si longtemps », n'a pas plus changé que ne l'ont fait son « nez à bout carré », ses « paupières bigarrées et ses yeux de différentes couleurs « (2) ; lorsqu'elle sourit, elle montre ses

(27 avril 1671). Le 22 juillet 1672, elle écrit à Bussy : « Le temps qui a donné de grandes beautés à ces jardins, m'a ôté un air de jeunesse que je ne pense pas que je recouvre jamais. » Mais elle exagère, sans doute, en parlant des outrages du temps, car Bussy lui répond le 29 juillet :

« Et toujours fraîche et toujours blonde

« Vous vous maintenez par le monde.

« Ce qui vous tient en cet état c'est, à mon avis, le contraire de ce qui embellit les jardins. Il y faut travailler, et si l'on vous cultivait, vous ne seriez pas si belle que vous êtes ».

En 1680, quatre ans après son premier séjour à Vichy, Mlle d'Epernon, qui ne l'avait pas vue depuis plus de trente ans, ne trouve pas que sa figure ait changé. (Let. du 5 janv. 1680).

En somme, Mad. de Sévigné eut le privilège de conserver sa beauté jusqu'à un âge avancé. Elle eut aussi celui de conserver sa gaîté et son esprit.

(1) Elle avait « le plus beau teint du monde ». (Bussy, *Histoire amoureuse des Gaules*), et une « extrême facilité à rougir ». (Lettre du 4 janv. 1690).

(2) Ajoutons qu'elle avait des yeux petits et brillants et commençait à devenir presbyte (Bussy, *Histoire amou-*

jolies dents qui, quatorze ans plus tard, « marque-
ront encore toutes sur les beurrées » ; contrairement à ce qui se produit souvent aux approches
de la cinquantaine, elle a légèrement perdu de son
embonpoint (1), de sorte qu'elle se trouve avoir
« une taille merveilleuse » et « le dos d'une plateur
qui la ravit « ; ses beaux cheveux blonds, il est
vrai, ont légèrement blanchi (2), mais cela ne lui
messied pas le moins du monde ; aussi déclare-
t-elle, avec cette franchise charmante qui la carac-
térise, qu'elle ne veut pas renoncer à la qualité
de *Mère-beauté* (3) dont M. de Coulanges l'a
honorée. Ajoutez qu'elle « dort et mange bien »,

---

reuse des Gaules ; *lettres* du 26 juil. 1668, du 7 fév. 1671, du
29 juil. 1671, du 20 nov. 1673, du 27 nov. et du 1er déc. 1675)*

(1) « Je suis à mille lieues de l'hydropisie ; il n'en a jamais
été question ». (22 avril 1676).

« Je crains de rengraisser ; voilà mon inquiétude; car j'aime
à être comme je suis ». (11 juin 1676).

(2) Lettre du 6 juillet 1670.

(3) C'est en 1671 que de Coulanges l'avait appelée *Mère-
beauté.* Le 23 oct. 1676, Charles de Sévigné écrit qu'elle *est
belle comme un ange.* En 1678, deux ans après son premier
séjour à Vichy, sa beauté était encore remarquable. Voici ce
que Mlle de Scudéry en écrivait (14 juillet 1678) au comte
de Bussy-Rabutin : « J'ai rencontré l'autre jour Mad. de
Sévigné, en *vérité encore belle.* On dit que Mad. de Grignan
ne l'est plus, et qu'elle voit partir sa beauté avec un si grand

et qu'elle a « conservé ses jolies jambes », ce qui
va lui permettre de se promener dans ce pays
ravissant (1).

Malheureusement, elle est toujours une poule
mouillée, et « une poule mouillée au pied de la
lettre », car « elle sue tout le jour », se sent fri-
leuse, « porte des peaux de lièvre » (2) pour se
garantir de la fraîcheur du matin et du soir, et a
le corps continuellement « couvert de petites
sueurs « qui l'importunent étrangement. Or, pour
« sécher cette éponge », pour drainer « ces maré-
cages », il n'y a, déclare-t-elle sur la foi de ses

---

regret que cela la fera mourir ». Bussy répond le 17 : « Ce
n'est pas seulement le bon tempérament de Mad. de Sévigné
qui la fait encore belle, c'est aussi son bon esprit. Je crois
que *quand on a la tête bien faite, on en a le visage plus beau* ».
Voir les portraits de Mad. de Sévigné par Mademoiselle
de Scudéry, Madame la Fayette, Somaize et Bussy dans *Les
Grands Ecrivains de la France*, *Madame de Sévigné*, tome Ier
pp. 318-325.

(1) En somme, Mad. de Sévigné pendant son premier séjour
à Vichy, devait encore très bien soutenir la dignité de merveille entre deux âges où sa fille l'avait élevée cinq ans auparavant. (Lettre du 24 avril 1671).

(2) « J'ai encore des peaux de lièvre, parce que le frais du
matin, qui donne la vie à tout le monde, me paraît un hiver
glacé, de sorte que j'aime mieux avoir trop chaud dix heures
durant que d'avoir froid une demi-heure ». (12 mai 1676).

médecins, qu'un seul moyen, qui est de se purger extrêmement en prenant des eaux chaudes.

Quant à son rhumatisme, il la fait toujours souffrir aux genoux, aux épaules et aux mains, à la main droite surtout, au point qu'elle est obligée de manger son potage de la main gauche. Mais elle croit qu'après avoir pris « une légère douche à tous les endroits affligés de rhumatisme », elle se portera fort bien, et que sa fille « pourra reprendre l'idée de santé et de gaîté qu'elle avait conservée d'elle ».

Ainsi, en arrivant à Vichy, Mad. de Sévigné savait exactement le traitement qu'elle allait suivre. Mais il va de soi qu'une grande dame comme elle, ne pouvait se passer de médecin pendant sa saison. Or, elle eut la bonne fortune d'en trouver un entièrement à sa convenance, un modèle de médecin, tel qu'elle n'en avait encore jamais rencontré, qui accompagnait Mad. de Noailles (1) à toutes ses eaux, et que Mad. de Noailles « lui avait envoyé par pure et bonne amitié ». Il lui plaît si fort, qu'elle est décidée à « le retenir, dut-il en coûter son bonnet » ; et il lui plaît — remarquez le trait de satire — il lui plaît, parce qu'il ne ressemble point à un vilain

____

(1) Le duc de Noailles était lieutenant général en Auvergne.

médecin, parce qu'il a de l'esprit, de l'honnêteté, du savoir-vivre, parce qu'il n'est point charlatan, et exerce sa profession en galant homme. Elle en parle à plusieurs reprises, le porte aux nues chaque fois qu'elle en parle, mais malheureusement oublie de le nommer, ce qui est très regrettable pour nous, car il était originaire de Gannat et, par conséquent, notre compatriote (1).

Quant aux médecins consultants de Vichy, Mad. de Sévigné les avait en piètre estime. Prit-elle les avis de l'un ou de plusieurs d'entre eux ? Nous l'ignorons. Quoi qu'il en soit, le huitième jour de sa cure, elle déclare qu'ils lui sont « tous insupportables ». Et cependant, il y en avait au moins deux, Antoine Joly et Claude Fouët (2) qui, si l'on en juge par les publications qu'ils ont laissées,

----

(1) Il se peut que ce « médecin de Gannat » soit le même que celui qui la « gouverna » à Vichy l'année suivante, et qu'elle appelle Vincent ; mais elle ne dit rien dans ses lettres qui puisse nous autoriser à l'affirmer.

Quoi qu'il en soit, ce médecin de Gannat semble avoir fort goûté la compagnie de la marquise, ainsi qu'en fait foi la citation suivante : « Mon médecin s'en est allé aujourd'hui ; mais il reviendra, car il aime la bonne compagnie ; et depuis Mad. de Noailles, il ne s'était trouvé à telle fête ».

(2) Sur les médecins de Vichy au XVIIe siècle, voir A. MALLAT, *Histoire contemporaine de Vichy* (Vichy, 1921), pp. 60-63.

savaient comment il fallait traiter, à cette époque-
là, les malades qui fréquentaient la station thermale. Au reste, l'opinion qu'elle a d'eux le 28 mai,
ne fait qu'empirer. N'ont-ils pas, en effet, osé dire
à Mad. Pecquigny, mère du duc de Chaulnes, qui
cherche à se guérir de ses soixante-seize ans,
qu'elle se portera aussi bien que Mad. de Sévigné
si elle suit le même traitement qu'elle ? Cela frise
le charlatanisme, n'est-il pas vrai ? et si la chose
est exacte, Mad. de Sévigné a cent fois raison de
se moquer d'eux, et d'en faire des gorges-chaudes
avec son médecin de Gannat qui, lui, est la franchise et l'honnêteté même.

Lorsque Mad. de Sévigné arriva à Vichy, elle
devait naturellement se trouver un peu fatiguée,
car son voyage en carrosse avait duré huit jours
pendant lesquels elle avait parcouru 343 kilomètres. On recommandait alors aux baigneurs —
et cela probablement à cause de la fatigue occa-
sionnée par un voyage généralement long et pénible — de se reposer deux ou trois jours avant de
faire usage des eaux (1) ; Mad. de Sévigné se con-
forma à peu près à cette pratique, car elle se

---

(1) En arrivant à Vichy, il faut se reposer deux ou trois
jours, se faire saigner une ou deux fois, prendre quelques
lavements laxatifs, et on peut alors commencer à boire ses

reposa un jour et demi. On leur recommandait également de se purger et même de se faire saigner ; or, Mad. de Sévigné ayant déjà fait la première de ces opérations et subi la deuxième, quelques jours avant de quitter Paris (1), se trouva prête à commencer son traitement le surlendemain de son arrivée. Ce traitement, je viens de vous le dire, était double : il consistait à boire et à prendre des douches. Mais elle ne mena pas ces deux traitements de front, « ç'aurait été trop de choses », et nous l'approuverons sans réserves lorsque nous saurons la quantité d'eau qu'elle buvait et la nature des douches qu'elle prenait.

---

eaux ». Claude FOUET, *Le Secret des Bains et Eaux Minérales de Vichy en Bourbonnois* (Paris, 1679).

« Avant de faire usage des eaux de Vichy, il est généralement nécessaire de se purger par de fréquentes décoctions apéritives et purgatives ». Claude MARESCHAL, *Physiologie des Eaux Minérales de Vichy en Bourbonnois* (Lyon 1636).

(1) « Je voudrais bien croire que j'ai été saignée : ils disent qu'il faut cette opération avant que de prendre des eaux ». (4 mai 1676).

« J'ai été *saignée ce matin* : en vérité c'est une grande affaire, Maurel en était épouvanté ; me voilà présentement *préparée à partir* ». (6 mai).

« J'oubliais de vous dire qu'après avoir été saignée, *j'ai pris de la poudre du bonhomme* », c'est-à-dire de la poudre purgative de Charles de l'Orme. (8 mai).

C'est à « la fontaine », qu'elle s'adressa tout d'abord, et elle s'y rendait, nous dit-elle, à six heures du matin. De nos jours, les sources sont à peu près désertes à cette heure matinale ; il faut attendre jusqu'à dix heures pour y voir affluer la foule des baigneurs. Il en était autrement au temps de Mad. de Sévigné, car elle ajoute : « tout le monde s'y trouve » ; et tout le monde s'y trouvait parce qu'on buvait alors copieusement (1), beaucoup plus qu'on ne le fait de nos jours, et aussi parce qu'on ne buvait généralement que le matin (2). Force était donc aux baigneurs de commencer leurs libations de très bonne heure, afin de pouvoir espacer suffisamment les nombreux verres d'eau qu'il leur fallait prendre avant midi.

---

(1)« C'est donc superflu et préjudiciable à ceux qui rendent douze verres avec facilité d'en boire 20, 25 ou 50 (*ce que j'ay veue*), ainsi qu'il est expédient à personnes jeunes, courageuses ». (MARESCHAL).

« Ces verres », dit encore Claude Mareschal, « sont de pareille capacité à ceux desquels les malades se servent en leurs repas ordinaires ».

(2) " Il n'y a temps plus commode à boire que la matinée " " Il faut commencer à boire au lever du soleil " (Mareschal).

" Il faut boire le plus matin que l'on peut et prendre, 3, 4, 6 verres ou plus, suivant la maladie que l'on a." (Claude FOUET).

Mad. de Sévigné va donc à la fontaine à six heures du matin ; elle y boit deux verres d'eau « en faisant fort mauvaise mine », puis « tourne, va, vient, se promène », afin, sans doute, « de donner temps au ventricule de les descharger « (1), « parle confidentiellement de la manière qu'elle les rend « (2), et quand sonne l'heure de reboire, retourne à la fontaine prendre deux autres verres d'eau, car elle les « avale deux à deux », à intervalles réguliers, jusqu'à l'heure du « dîner », c'est-à-dire jusqu'à midi. Entre temps, elle se rend à la messe, tout en se défendant d'être dévote (3).

----

(1) Mareschal, *Physiologie des Eaux de Vichy.*

(2) Elle les rendait assez rapidement ainsi que le montrent les deux citations suivantes: « Je viens de prendre et de rendre mes eaux à moitié ; il est mardi, à dix heures du matin. » (9 juin). « Je viens de la fontaine, c'est-à-dire à neuf heures, et j'ai rendu mes eaux. » (vendredi, 12 juin, à midi).
Ainsi que le fait remarquer E. Montégut, la vie des eaux avait déjà engendré cette impudeur d'un genre particulier qui consiste à entretenir familièrement ses connaissances des effets du régime et à entrer dans des détails qu'on n'oserait pas confier, dans la vie ordinaire, à son domestique ou à sa femme de chambre. (*Revue des Deux-Mondes*, Année 1874, vol. I. p. 821).

(3) « Vous me demandez si je suis dévote ; hélas ! non, dont je suis très fâchée ; mais il me semble que je me détache un peu de ce qui s'appelle le monde ».

Mais quel que soit l'endroit où elle se trouve, son esprit malicieux ne la quitte jamais, et c'est précisément ce qui rend, parfois, ses lettres si piquantes. Ainsi, pendant ses allées et venues, elle déclare se trouver un peu comme *Nouveau*, ce surintendant des postes, mort en 1665, dont parlent Tallemant des Réaux (1) et La Bruyère (2), et qui, au commencement où il eut équipage de chasse, courant un cerf, s'arrêta soudain, et demanda à son grand veneur : « Dis-moi, ai-je bien du plaisir à cette heure ? » De même, Mad. de Sévigné se demande : « Rends-je bien mes eaux ? La quantité, la qualité, tout va-t-il bien ? » Eh oui, tout allait bien ; « on lui assurait que c'étaient des merveilles, et elle le croyait, et même elle le sentait », car ces eaux miraculeuses produisaient sur elle, en la purgeant un peu, l'effet qu'elle était venue leur demander. « Elles me purgent un peu ; c'est tout ce qu'on désire ».

Le premier jour, elle en but douze verres, et si, comme il est probable, elle augmenta progressivement la dose, elle dut en boire bien plus vers la fin de sa cure.

Que si maintenant, vous me demandiez le nom

------

(1) Tome VI, p. 29.
(2) De la Ville.

de la source à laquelle buvait Mad. de Sévigné,
je serais bien embarrassé pour vous répondre, car
elle ne cite aucune des six sources alors connues,
et qui, d'après Claude Fouët, étaient « celle des
Capucins, ou grand puy carré, la Grille, les deux
fontaines Gargniez, le Gros Boulet et les Céles-
tins ; » elle se borne à dire : « Je vais à la fontaine » (1) On trouve parfois de ces oublis ou
négligences dans les lettres de Mad. de Sévigné
— nous l'avons déjà vu à propos de son médecin
de Gannat — et je dois reconnaître qu'il n'est
pas toujours facile de les réparer.

Il est vrai, qu'ici, elle nous renseigne sur les
propriétés de l'eau qu'elle boit ; mais ces renseignements me paraissent un peu vagues, en ce sens
qu'ils ne s'appliquent pas spécialement à telle ou
telle source. « Imaginez-vous », écrit-elle, « qu'elles

____

(1) Il est vrai qu'elle cite la *Grille* dans sa lettre du 8 juillet
1685. Parlant de M. de Grignan qui avait l'intention de
prendre des eaux de Vichy à domicile, elle écrit : « Je serais
surprise bien agréablement, si les eaux de Vichy faisaient du
bien à cent lieues de la grille. » (En 1676, on disait indiffé-
remment la Grille ou la Grande Grille ; voir Du Clos, *Observations sur les eaux minérales de plusieurs provinces de France*,
1675, p. 92). Mais, de ce que son gendre avait l'intention de
boire des eaux de la Grande Grille, s'ensuit-il *nécessairement*
qu'elle-même en avait bu pendant ses deux séjours à Vichy ?
Il serait peut-être téméraire de l'affirmer.

sont bouillantes et d'un goût de salpêtre fort désagréable. » Elle leur trouve même des propriétés
négatives ; à sa fille qui se faisait une idée erronée
de leur couleur, elle écrit : « Vous leur faites tort
de les croire noires ; pour noires, non ; pour
chaudes, oui. »

Enfin, elle raconte une expérience qu'elle fit
elle-même pour voir de ses propres yeux les effets
« miraculeux » de ces eaux : « Je mis hier, moi-
même, une rose dans la fontaine bouillante (1) :
elle y fut longtemps saucée et ressaucée ; je l'en
tirai comme dessus sa tige ; j'en mis une autre
dans une poëlonnée d'eau chaude : elle y fut en

---

(1) « Bouillante » veut dire, ici, chaude. De quoi, en effet,
Mad. de Sévigné se sert-elle pour refaire l'expérience de la
rose dans des conditions aussi identiques que possibles ?
D'une poëlonnée d'*eau chaude*, et non d'une poëlonnée d'eau
bouillante.

D'autre part, en parlant de sa douche, elle écrit : « Figurez-
vous un jet d'eau toute la *plus bouillante* que vous puissiez
vous imaginer ». Il est évident, qu'ici encore, bouillante est
mis pour *chaude*. L'expression dépasse la pensée de la marquise,
ainsi qu'il arrive assez fréquemment dans ses lettres (Voir
page 38).

Donc, dans l'expression « fontaine bouillante », le mot
bouillante signifie *chaude* ; mais il pourrait, en plus, signifier
bouillonnante, attendu que la rose fut « longtemps saucée et
ressaucée » ; dans l'expression : jet d'eau *bouillante*, le mot
bouillante ne peut signifier que *chaude*.

bouillie en un instant. »Et plus loin : « Au lieu
de griller et rendre la peau rude, cette eau la rend
douce et unie ; raisonnez là-dessus. »

C'est précisément ce qu'ont fait des personnes
compétentes : elle sont raisonné là-dessus avec
une logique plus ou moins serrée et en ont conclu
que Mad. de Sévigné buvait à la Grande Grille (1).

Certes, je ne veux pas, moi simple profane,
m'inscrire en faux contre cette conclusion ; mais
je dois avouer qu'elle me laisse — comment dirai-
je ? — un peu rêveur, et voici pourquoi : De nos
jours, les médecins consultants de Vichy ne cessent
de nous dire : « Méfiez-vous de la Grande Grille ! »
et la dose maximum qu'ils conseillent ne dépasse
pas quatre verres par jour. Or, Mad. de Sévigné
en aurait pris, chaque matin, douze verres *au
moins*, et cela pendant deux périodes de huit
jours chacune, séparées, ainsi que nous allons le
voir par une semaine de douches qui la mirent
« au supplice » et néanmoins, elle ne se serait «pas
sentie le moins du monde indisposée », mais aurait

---

(1) Voir, à titre d'exemple, un article du Docteur Grelety
paru dans la *Revue Bourbonnaise* de l'année 1884.

Il convient d'ajouter que d'autres personnes, non moins
compétentes en la matière, sont d'avis que Mad. de Sévigné
buvait à la Source du Gros-Boulet, aujourd'hui Source de
l'Hôpital.

trouvé, au contraire, que cette eau, ainsi prise à haute dose, lui « faisait beaucoup de bien », la « purgeait un peu » et même la « fortifiait au lieu de l'affaiblir. »

Après tout, la chose est possible, car nous savons que Mad. de Sévigné avait une constitution robuste, et puis, ainsi que l'affirme Boileau :
Le vrai peut, quelquefois, n'être par vraisemblable (1)

Au bout d'une semaine, Mad. de Sévigné cessa de boire, se trouvant, pour l'instant, suffisamment purgée, et consacra la semaine suivante à prendre des douches, à raison d'une chaque matin. Après s'être traitée pour ses transpirations, elle allait maintenant se soigner pour son rhumatisme. Comme vous le voyez, elle appliquait le principe de la division du travail, ou encore — et la comparaison n'aurait pas été pour lui déplaire (2) —

---

(1) En somme, il n'est pas démontré, mais il semble probable, que Mad. de Sév. buvait à la Grande Grille. Par suite, lorsqu'on parle de cette question, il serait prudent d'employer le style des Pyrrhoniens : Buvait-elle à la Grande Grille ? — Peut-être ! — Faisait-elle usage de l'eau du Gros-Boulet ? C'est possible ! — Buvait-elle tantôt à la Grille et tantôt au Gros-Boulet ? — Je n'en sais rien ! — Voilà comme il **faut** parler. (Voir sa lettre du 30 juil. 1677.

(2) Au reste, elle se sert du même terme de comparaison dans une de ses lettres : « Vous me faites souvenir d'Horace qui sépara ses ennemis, pour les combattre séparément. » (Novembre 1680).

elle imitait, pour lutter contre son mal, la tactique employée par l'aîné des trois Horaces pour se défaire des trois Curiaces.

Les douches qu'elle prenait, et dont elle nous donne une description détaillée, pittoresque et amusante, ne ressemblaient guère à celles que l'on donne aujourd'hui. Elle en parle avec appréhension plusieurs jours avant de les commencer, et vous allez voir que cette appréhension était pleinement justifiée. Et d'abord, il lui fallait descendre « par huit degrés, dans un petit lieu sous terre, où l'air manquait (1), » et où les vapeurs d'eau chaude allaient sans cesse en s'épaississant (2) ; si bien qu'elle « doute qu'elle eusse voulu souffrir sa fille dans cette fumée. » Puis, s'étant mise « en cet état où l'on conserve à peine une feuille de figuier pour tout habillement », — chose qu'elle trouvait assez humiliante, — elle recevait un jet d'eau, « toute la plus bouillante que l'on puisse ima-

---

(1) D'après MARESCHAL.

(2) Le Bain était à dix pas de la Grande Grille. Un canal y conduisait l'eau de la Grille pour l'usage du bain et de la *douche*. « Et comme ce lieu est peu spacieux et rempli d'air, dès que l'eau tombe du canal, elle produit *quantité de vapeurs* qui sont condensées suivant la règle des météors par l'air. » Antoine JOLY, *Description des Eaux minérales de Vichy* Paris, 1675.

giner », et cela, sans discontinuer, pendant une demi-heure, dure et longue épreuve qu'elle supportait sans défaillance.

Il est vrai qu'elle avait auprès d'elle, « pour lui soutenir le courage, » ses deux femmes de chambre, et surtout son médecin de Gannat qui, « sans être préoccupé de rien » lui parlait de derrière le rideau, pendant qu'elle était au supplice.

Ensuite, elle se mettait dans un lit bien chaud, et alors, commençait un supplice d'un nouveau genre : quand elle entrait dans ce lit, en effet, « elle n'en pouvait plus, la tête et tout le corps étaient en mouvement, tous les esprits en campagne, des battements partout. » Elle était une demi-heure sans ouvrir la bouche, pendant laquelle la transpiration commençait et continuait pendant deux heures (1). Alors, de peur de s'impatienter, ou de « s'abandonner à un ennui mortel », elle faisait lire son médecin, ou s'entretenait

____

(1) Un siècle plus tard, les douches étaient moins longues, et après la douche, le malade restait un peu moins longtemps au lit : « On ne peut guère rester plus de 12 ou 15 minutes exposé à la douche.... ; au sortir de la douche, on met le malade au lit, où il a une sueur abondante qui dure au moins une heure... Ces douches ainsi prolongées sont excellentes contre les rhumatismes ». (DESBREST, *Traité des eaux minérales de Châteldon, de celles de Vichy et Hauterive*, Paris, 1778 p. 239).

avec lui de Mad. de Grignan, car « il en était digne. » De la sorte, son esprit étant constamment occupé de choses qui l'intéressaient par-dessus tout, elle parvenait à s'abstraire, jusqu'à un certain point, de « l'état pénible » où elle se trouvait.

Et tout cela nous intéresse, parce que tout cela est dit le plus agréablement du monde. Mad. de Sévigné a un talent descriptif vraiment remarquable ; elle a le don de nous faire voir et sentir, en peu de mots, les choses dont elle parle. Ecoutez ce court passage à propos de sa douche : « Représentez-vous un jet d'eau contre quelqu'une de vos pauvres parties, toute la plus bouillante que vous puissiez imaginer. *On met d'abord l'alarme partout,* pour mettre en mouvement tous les esprits ; et puis, on s'attache aux jointures qui ont été affligées : mais quand on vient à *la nuque du cou, c'est une sorte de feu et de surprise* qui ne se peut comprendre; cependant c'est là le nœud de l'affaire. »(1)

---

(1) Ce jet d'eau bouillante qu'on fait aller par *tout le corps* et qui produit un tel *effet de saisissement* quand il arrive à *la nuque du cou,* montre bien qu'il ne s'agissait pas d'un simple arrosage, ainsi que le donnerait à entendre la citation suivante : « La dousche n'est autre chose qu'une embrocation faite de l'eau du bain sur un membre particulier. Il vaut mieux, au lieu de se servir d'une tine percée au-dessous, et qu'on élève au-dessus du malade, vider son bain à moitié, et

Je doute que l'on puisse rendre avec plus de force et de précision, l'effet de saisissement du premier jet, et la sensation étrange que l'on éprouve lorsque le jet atteint brusquement la nuque. Elle a, comme les écrivains de race, d'heureuses trouvailles de mots, des comparaisons d'une justesse énergique, celle-ci, par exemple, qui résume, en un raccourci vigoureux, tout ce qu'elle pense de la douche : « La douche est une assez bonne répétition du Purgatoire. » De même, en effet, qu'après les peines du Purgatoire viennent les félicités du Ciel, de même, après le supplice de la douche « venait une certaine demi-heure où Mad. de Sévigné se trouvait à sec, et fraîchement, où elle buvait de l'eau de poulet fraîche » (1), tout en continuant de converser avec son médecin de

---

recevoir sur le membre affligé l'eau qui tombe du gutturnium de son canal, qui la porte dans ledit bain, parce qu'alors elle est plus chaude et produit de meilleurs effets. » (MARESCHAL *Physiologie des Eaux de Vichy*).

Il est vrai que, depuis la publication du livre de Mareschal, 40 années s'étaient écoulées, pendant lesquelles on avait du modifier la façon de donner la douche.

(1) Elle en buvait probablement aussi hors de ses heures de douche : « On me fait prendre tous les jours de l'eau de poulet ; il n'y a rien de plus simple, ni rien de plus rafraîchissant, je voudrais que vous en prissiez pour vous empêcher de brûler à Grignan. » (28 mai).

Gannat, demi-heure qu'elle rangeait parmi les moments les plus agréables qu'il nous soit donné de passer. « Je ne mets point ce temps, » dit-elle, « au rang des plaisirs médiocres ; c'est un endroit délicieux. » Et j'imagine qu'elle devait en goûter d'autant mieux les délices que ses transpirations avaient été plus abondantes.

Oh ! ces « sueries », comme elle les appelle ! elles étaient si copieuses qu'elles perçaient jusqu'à ses matelas et, qu'en huit jours, il en sortit plus de vingt pintes de son corps. « Je pense », dit-elle plaisamment, « que c'est toute l'eau que j'ai bue depuis que je suis au monde. »

Mais comment se faisait-il que son pauvre corps eût gardé une telle quantité d'eau ? Son imagination aimable et toute imprégnée de sensibilité n'est pas en peine pour en donner une explication : s'il lui reste tant d'eau, c'est tout simplement « qu'elle n'a pas assez pleuré pendant l'absence de sa fille. » N'est-il pas curieux de voir Mad. de Sévigné se reprocher de ne pas avoir aimé sa fille comme elle aurait dû le faire, elle qui l'a aimée passionnément toute sa vie, et que nous considérons, à juste titre, comme l'incarnation de l'amour maternel ?

Mais, direz-vous encore, un pareil traitement devait épuiser Mad. de Sévigné ? Oh ! que non pas ; d'abord, Mad. de Sévigné avait l'âme héroï-que : « Il faut tout souffrir », dit-elle, « et l'on souffre tout... et voilà qui guérit. » Et puis, cette robustesse de constitution qui venait de lui permettre de boire, pendant huit jours, de l'eau... de la Grande Grille à une dose qui nous fait aujourd'hui frémir, la fit sortir de ces terribles épreuves plus vigoureuse et plus vaillante que jamais. Aussi fut-elle vraiment, ainsi qu'elle le déclare elle-même avec une certaine satisfaction intime, « le prodige de Vichy pour avoir soutenu la douche courageusement », et en avoir obtenu d'aussi bons résultats.

Après cette série de huit douches, Mad. de Sévigné prit une légère médecine, puis but pendant une autre période de huit jours pour terminer sa saison.

Mais boire et prendre des douches, ne constituent qu'une partie de la cure, partie essentielle, je le veux bien, mais qui resterait sans grands résultats, si l'on n'y ajoutait un adjuvant : les distractions.

> Un baigneur qui s'ennuie
> Même les jours de pluie,
> Serait bien mieux chez lui
> Qu'à Bourbon ou Vichy.

Au reste, on ne pensait pas autrement au XVIIe siècle, si nous en croyons le *Mercure Galant* du mois de Mai 1678 : « La joye », y est-il dit, « est fort nécessaire pour faire profiter les remèdes. »

Or, Mad. de Sévigné ayant fini son traitement à midi, avait toute l'après-midi et toute la soirée pour se distraire. Y parvenait-elle ? Et comment ? Je crois que, sur le premier point, il ne saurait y avoir le moindre doute. Nous ne trouvons aucune trace d'ennui dans ses lettres de Vichy ; elle n'y montre nulle part qu'elle a hâte de partir. Lorsqu'on « ne voulut pas » qu'elle bût pendant sa semaine de douches, ce qui allait l'obliger à rester huit jours de plus, elle ne témoigne aucun mécontentement ; elle obéit sans maugréer, et se contente de dire que ce sera une petite allonge à son voyage.

A côté de ces preuves négatives, il en est de positives : c'est ainsi, qu'à propos de la princesse de Tarente qui la « souhaite à Bourbon », elle déclare à sa fille qu'elle n'ira pas parce qu'elle se trouve bien où elle est. Et elle s'y trouve si bien, que parfois il lui arrive de regretter que Mad. de Grignan ne soit pas auprès d'elle afin de partager ses plaisirs : « Ma fille, *vous perdez trop : c'est cela que vous devriez regretter.* Il faudrait voir comme on tire sur tout, sans distinction et sans choix. (Il s'agit de la Duchesse de Brissac). Je vis l'autre jour, de mes propres yeux, flamber un pauvre Célestin. »

« *Tout mon déplaisir*, c'est que vous ne voyez point danser les bourrées de ce pays. »

D'ailleurs, ses lettres sont gaies, d'une gaieté franche, optimiste. Elle conseille à sa fille de rire : « Au nom de Dieu, fiez-vous à moi, et riez, riez, sur ma parole » ; et le conseil qu'elle donne, elle le suit pour son propre compte : « elle rit », elle aussi, et parfois jusqu'aux larmes (1).

Son esprit n'est nullement assombri ; il est alerte, malicieux tout comme aux plus beaux jours. Elle plaisante sur tout, même sur sa douche, qu'elle qualifie de charmante, et sur « les restes agréables de son rhumatisme. »

Si parfois il lui arrive de parler de tristesse et d'amertume, c'est tout simplement parce qu'elle est séparée de sa fille (2), et non parce qu'elle s'ennuie à Vichy ; il est vrai qu'elle accorde qu'on peut s'y ennuyer, mais c'est « lorsqu'on ne boit

---

(1) « J'ai toujours envie de rire lorsque vous me parlez du bonhomme du Parc. »

« Il y a des endroits de vos lettres qui me font rire aux larmes. »

(2) « Il est vrai que de passer ma vie *sans vous voir* y jette une tristesse et une amertume à quoi je ne puis m'accoutumer. » Cette tristesse et cette amertume sont indépendantes du lieu où se trouve Mad. de Sévigné.

pas » ; ç'aurait été le cas du Bien Bon, mais ce n'était pas le sien.

Les heures ne semblent donc pas lui avoir pesé un seul instant ; s'il en avait été autrement, elle n'aurait pas manqué de l'écrire à sa fille, car elle lui faisait « voir tout ce qu'elle faisait, tout ce qu'elle disait, tout ce qu'elle pensait. » (1)

Et cependant, Vichy ne possédait alors ni Casino, ni théâtre, ni salle de jeux, ni maintes autres attractions variées qui y attirent et y retiennent aujourd'hui les baigneurs autant, sinon plus, que les vertus de ses eaux. Mais qu'importait tout cela à Mad. de Sévigné, puisqu'elle n'en éprouvait pas le besoin ? Ses goûts la portaient dans d'autres directions, et ce que je voudrais maintenant vous montrer, c'est comment elle trouva à les satisfaire.

Notons, d'abord, que les baigneurs menaient alors une vie d'intimité beaucoup plus grande

____

(1) Mad. de Sévigné s'entretient toujours avec sa fille avec la plus grande franchise. Elle aurait été incapable de lui cacher une incommodité, si elle l'avait eue (16 oct. 1680) ; elle n'aurait même jamais pensé à lui épargner une inquiétude au préjudice de la consolation qu'elle trouvait à lui faire part de ses peines et *de ses moindres ennuis*. (1er déc. 1679). Voir aussi sa lettre du 10 juillet 1675. A cet égard, ses lettres sont vraiemnt le miroir de son âme.

qu'à notre époque. « Nous sommes tous les jours ensemble », déclare Mad. de Sévigné, et l'on se recherchait d'autant plus volontiers que les distractions étaient plus rares. D'autre part, « comme la vie ne coûtait rien », qu'on « mangeait des viandes fort simples », et que, par suite, les repas étaient peu compliqués, « on ne faisait nulle façon de donner à manger. » On dînait donc tantôt chez l'un, tantôt chez l'autre, en plus ou moins nombreuse compagnie, et « l'on dînait fort familièrement. »

Une telle familiarité ne devait pas déplaire à Mad. de Sévigné, car n'oublions pas qu'elle « commençait à se détacher de ce qui s'appelle le monde », (1) et qu'elle comptait bien, pendant son séjour à Vichy tout au moins, se libérer de ses servitudes et secouer la contrainte qu'impose toute étiquette et tout cérémonial.

Après dîner, Mad. de Sévigné allait chez quelqu'un, ou bien l'on venait chez elle, et le grand divertissement de l'après-midi consistait à jouer aux cartes. Le jeu était alors largement pratiqué en France, et, chose singulière, c'était à la Cour

---

(1) Lettre du 8 juin 1676. Trois ans plus tard elle écrit que la solitude de Livry lui déplaît moins que *la contrainte du monde et des visites* (lettre du 24 oct. 1679). Voir aussi la lettre du 24 nov. 1679.

où il sévissait avec le plus d'impudence. On y jouait, nous dit Mad. de Sévigné, des sommes énormes (1) ; et ce qui est plus grave, on y jouait à des jeux défendus à Paris, tel que l'*hoca* (2) ; et ce qui est plus grave encore, chacun s'efforçait de tricher le plus possible, si bien que Louis XIV qui, pourtant, était lui-même coutumier du fait, se croyait obligé, de temps en temps, de faire un exemple, en prenant des mesures sévères contre

---

(1) Le 18 déc. 1678 elle écrit à Bussy : « Pour revenir à la *bassette*, c'est une chose qui ne se peut représenter : on y perd fort bien *cent mille pistoles en un soir*. Le Roi paraît fâché de cet excès. Monsieur a mis toutes ses pierreries en gage. »

Bussy lui répond le 31 décembre : «... J'ai peur que le public n'excuse pas, autant que je fais, la complaisance qui le fait souffrir un si gros jeu. »

(2) L'hoca était un jeu de hasard qui se jouait sur une table divisée en trente compartiments. Il avait été introduit en France par le cardinal Mazarin. Mademoiselle dit, dans le tome IV de ses *Mémoires*, p. 277, qu'on «perdit de grandes sommes à ce jeu pendant la campagne des Brouettes ».

Mad. de Sévigné reproche à sa fille de se livrer, à Grignan, « à ce chien d'hoca, un coupe-gorge qu'on a banni du pays.., qu'on a défendu à Paris sous peine de la vie ... » Voir ses lettres du 9 mars 1672, du 7 juin 1675, du 9 oct. 1675, du 24 nov. 1675, du 29 juillet 1676.

Sur la défense de jouer à l'hoca, voyez le *Traité de la Police* de DELEMARRE, T. I, pp. 460-461.

un joueur par trop déloyal (1). Nous ne devons donc pas nous étonner d'apprendre que les amis de Mad. de Sévigné se livraient, à Vichy, à un passe-temps si fort à la mode, et dont ils avaient très probablement contracté l'habitude à la Cour ; d'ailleurs, chacun sait que, dans une ville d'eau, le démon du jeu est tout particulièrement tentant, et que même les femmes ne savent pas toujours lui résister. C'était le cas, par exemple, de la duchesse de Brissac que nous voyons, en petit comité, — car, je vous l'ai déjà dit, il n'y avait pas encore à Vichy de salle de jeu ouverte au public — faire régulièrement sa partie d'hombre ou d'hoca, tantôt avec St-Hérem et Plancy, tantôt avec d'autres intimes.

Mad. de Sévigné se montrait beaucoup plus sage ; au lieu de « se fatiguer à battre des cartes » (2)

____

(1) « Le Roi a commandé à M. de Cessac de se défaire de sa charge, et tout de suite de sortir de Paris. Savez-vous pourquoi ? Pour avoir trompé au jeu, et avoir gagné cinq cent mille écus avec des cartes ajustées... » (lettre du 18 mars 1678).

(2) Elle détestait les jeux de hasard, mais « était folle du jeu d'échecs », bien que, de son propre aveu, elle le jouât assez mal. « C'est le plus beau jeu et le plus raisonnable de tous les jeux », dit-elle ; « le hasard n'y a point de part ; on se blâme et l'on se remercie, *on a son bonheur dans sa tête.* » (7 fév.1680), Voir aussi les lettres du 3 janv. et du 28 fév. 1680.

elle préférait se livrer à deux de ses occupations favorites : la lecture et la conversation. Pendant la première partie de son séjour, nous la voyons lire l'Arioste dans le texte avec Mad. de Longueval, car elles avaient toutes deux « l'italien dans la tête » ; puis, après le départ de cette dernière, elle se délecta dans la lecture d'une certaine *Histoire des Vizirs*, « petit livre que tout le monde avait lu », mais que tout le monde ignore aujourd'hui, bien qu'il contienne, paraît-il, des chapitres dignes d'admiration.

Ces séances de lecture devaient être fréquemment interrompues, et même, parfois, tout à fait remplacées, par ces causeries qui naissent spontanément et se poursuivent avec une aisance pleine de charmes, lorsque plusieurs personnes cultivées et vivant dans une intimité relative, se trouvent réunies dans le même salon. L'esprit de la conversation est un esprit essentiellement français ; il était très développé au XVIIe siècle, et Mad. de Sévigné le possédait à un très haut degré (1), ainsi qu'elle dut le prouver maintes et maintes fois au cours de ces délicieuses et reposantes après-midi.

———————

(1) Mad. de la Fayette lui écrivait en 1659 : « Votre esprit pare et embellit si fort votre personne qu'il n'y en a point sur la terre de si charmante lorsque vous êtes animée dans

Parmi les sujets abordés, il en est un qui revenait constamment, dont elle ne se lassait jamais, et où elle mettait tout son cœur de mère : vous avez déjà deviné que je veux vous parler de Mad. de Grignan. Causer de sa fille était pour elle un besoin si impérieux qu'elle serait morte d'ennui si elle n'avait pu le satisfaire. Or, on savait cela autour d'elle, et comme, d'autre part, chacun tenait à lui faire sa cour, on saisissait toutes les occasions de « célébrer » Mad. de Grignan. « Je ne vous ai point dit », écrit-elle, « combien vous êtes célébrée ici, et par le bon St-Hérem, et par Bayard, et par les Brissac et Longueval. » Et son gracieux visage devait rayonner de bonheur lorsqu'elle entendait ce concert de louanges à l'adresse de sa fille (1).

---

une conversation d'où la crainte est bannie. *Tout ce que vous dites a un tel charme et vous sied si bien, que vos paroles attirent les ris et les grâces autour de vous.* »

« Par sa conversation, elle donnait de l'esprit à qui n'en avait pas. » (SAINT-SIMON, *Mémoires*, t. I, p. 321).

« Je ne trouve aucune conversation qui me plaise tant que la vôtre » lui écrit Bussy, le 10 sept. 1674.

Au reste, elle dit elle-même que « chez sa pauvre tante, *elle était l'aigle de la conversation* », qu'elle avait « *la langue déliée*, et des tours et des arrangements de paroles qui ne sont pas désagréables ». (24 nov. 1673).

(1) Entendre parler de sa fille lui était toujours un plaisir sensible, mais en apprendre des nouvelles, la ravissait d'aise,

Et puis, les lettres de Mad. de Grignan étaient
si bien tournées (1) « qu'elle ne pouvait se résoudre

---

et elle s'attachait naturellement à celui — fut-il un inconnu —
qui lui disait avoir vu récemment Mad. de Grignan. En voici
un exemple frappant, se rapportant à son séjour à Vichy :
« J'ai trouvé, ce matin, à la fontaine, un bon capucin : il m'a
humblement saluée ; j'ai fait la révérence aussi de mon côté,
car j'honore la livrée qu'il porte. Il a commencé par me parler
de la Provence, de vous, de m'avoir vue à Aix, de la douleur
que vous aviez eue de ma maladie. Je voudrais que vous
eussiez vu ce que *m'est devenu ce bon père* dès le moment qu'il
m'a paru si bien instruit ; je crois que je ne l'avais jamais vu,
ni remarqué ; mais *c'est assez de vous avoir nommée.* Ce méde
cin que je tiens ici pour causer avec moi, *ne se pouvait lasser
de voir comme naturellement je m'éta s attachée à ce père.* »

L'année précédente, aux Rochers, elle avait fait une rencontre à peu près pareille : « Il me vint l'autre jour, un Au-
gustin ; il a été par toute la Provence ; il me nomma cinq ou
six fois M. de Grignan et Monsieur d'Arles : *je le trouvai fort
habile homme : je suis assurée qu'à Aix je ne l'aurais pas re-
gardé.* » (6 oct. 1675).

« Il n'était point de conversation au monde qu'elle préfé-
rât à celle d'un homme qui venait de Grignan, et qui lui parlait
de sa fille. » (let. du 7 août 1675).

e exprime très fréquemment son admiration pour les
lettres de sa fille : « Vous écrivez comme Faure danse » (6 mai
1676) « vous ne savez pas le prix de votre lettre : vous écrivez
comme un ange ; je lis vos lettres avec admiration ; cela
marche, vous arrivez. » (1er déc. 1675).

Autres exemples : lettres des 22 déc. et 25 déc. 1675 ; 12
janv. et 28 mai 1676 ; 10 août, 18 août et 5 nov. 1677.

à jouir toute seule du plaisir de les lire. » Et l'on se l'imagine fort bien « faisant voir une petite ligne à Bayard, une autre au Chanoine, » mais « restant maîtresse de la lettre pour qu'on ne lise pas sur son épaule ce qu'elle ne voulait pas qui soit lu. » Elle ne « faisait voir que ce qui convenait », de même qu'elle ne disait que ce qui convenait (1), afin que tout le monde fût content de Mad. de Grignan et charmé de sa manière d'écrire. Et ce petit manège dont elle était consciente, et dont les autres n'étaient probablement pas dupes, était fait avec tant de charme et de naturel, qu'il n'éveillait même pas le moindre sourire. « Ne craignez rien », écrit-elle à sa fille, « je ne fais rien de ridicule là-dessus. »

Non, elle ne faisait rien de ridicule, et rien non

______

(1) Mad. de Sévigné ne montrait jamais les lettres de sa fille « mal à propos. » D'autre part, quand elle parlait de Mad. de Grignan, « elle savait parfaitement ce qu'il fallait dire et ce qu'il fallait taire » ; et c'est grâce à ce tact et à cette mesure, qu'elle évitait le ridicule.

Elle revient fréquemment sur ce sujet. Voir, en particulier, les lettres du 11 mars 1671, du 6 janv. 1672, du 22 janv. 1672, du 23 mars 1672, du 30 oct. 1673, du 5 juin 1675, et ses lettres de Vichy.

Il lui arrivait même de ne pas vouloir parler de sa fille, malgré la grande envie qu'elle avait de le faire : « Il y a des excès qu'il faut corriger, et pour être *polie* et pour être *politique* ; il me souvient encore *comme il faut vivre pour n'être pas pesante.* » (21 juin 1671).

plus de nature à créer l'ennui autour d'elle, car elle avait assez de tact pour ne pas prolonger une conversation, qui la comblait d'aise sans doute, mais qui aurait pu fatiguer ceux qui l'écoutaient

Mais, lorsqu'elle imposait silence à son cœur, c'était pour lâcher les brides à son esprit, à cet esprit alerte, primesautier, moqueur et indulgent tout à la fois, habile à saisir les travers, les faiblesses, les ridicules, et à les rendre, sans méchanceté, en termes pittoresques, précis et frappants. Or, dans une ville d'eaux, un tel esprit trouve ample matière à s'exercer. Si Molière avait été à Vichy, il aurait pu, en se postant une demi-heure aux alentours des sources, observer cent fois plus d'originaux qu'il n'en vit, dans la boutique d'un certain barbier, pendant tout son séjour à Pezenas.

Mad. de Sévigné en observa aussi quelques-uns, et dut naturellement prendre plaisir, lorsqu'elle se trouvait, avec ses amis, à exercer sa verve à leurs dépens. Les portraits qu'elle nous a laissés d'eux dans ses lettres, ne sont, en quelque sorte, que la quintessence de ceux qu'elle a tracés oralement : quand on écrit, on condense, car il faudrait trop de temps pour tout écrire ; quand on parle, au contraire, on développe, car en peu de temps on peut tout dire (1).

____

(1) « Il faut se parler pour tout dire. » (Lettre de Bussy à Mad. de Sévigné du 7 sept. 1668).

Or, imaginez, si vous le pouvez, le développement qu'elle sut donner au thème suivant : **Je vais vous le lire dans toute son énergique concision, tel que Mad. de Sévigné l'a tracé, me contentant de supprimer un petit membre de phrase, car la marquise a son franc-parler (1), et n'hésite pas à employer des expressions qui seraient peut-être un peu déplacées ici.** Il s'agit d'une certaine Madame de la Baroir :

« Nous avons ici une Madame de la Baroir qui bredouille d'une apoplexie ; elle fait pitié ; mais quand on la voit laide, point jeune, habillée du bel air, avec de petits bonnets à double carillon, et qu'on songe de plus qu'après vingt-deux ans de veuvage, elle s'est amourachée de M. de la Baroir, qui en aimait une autre à la vue du public,

---

(1) « Mad. de Sévigné avait l'habitude de dire tout ce qu'elle trouvait joli, quoique ce fussent souvent des choses gaillardes. » (TALLEMANT DES RÉAUX).

Dans quelques-unes de ses lettres, elle parle à sa fille avec une liberté de langage que, d'après Emile Faguet, « il n'est pas nécessaire, et peut-être pas permis de reproduire. »

« Elle s'exprime » dit-il encore, « avec une crudité et une richesse de style, l'une faisant pardonner l'autre, qui sont à n'y rien souhaiter. » Emile FAGUET, *Madame de Sévigné* (Paris, 1910), p. 63.

Voir en particulier les lettres du 17 av. et du 6 sept. 1671.

à qui elle a donné tout son bien, et... qui l'a chassée de chez lui outrageusement ; quand on songe à tout cela, on a extrêmement envie de lui cracher au nez. »

Elle dut naturellement aussi, parler de Mad. Pecquigny, « cette machine étrange » qui, « pour se guérir de 76 ans, dont elle était fort incommodée », voulait faire tout comme Mad. de Sévigné afin de se porter comme elle ; et qui, malgré son grand âge, « survenait à la fontaine, toute parée, toute habillée en jeune personne. »

Mais elle dut en parler avec indulgence, sympathie et respect, car Mad. Pecquigny avait,« avec ses folies et ses faiblesses, beaucoup d'esprit » et un cœur naturellement charitable et généreux, choses que Mad. de Sévigné savait apprécier à leur juste valeur, et qui, à ses yeux, compensaient bien des ridicules. « C'est la seule personne que j'ai vue », dit-elle, «qui exerce sans contrainte la vertu de la libéralité : elle a deux mille cinq cents louis qu'elle a résolu de laisser dans le pays ; elle donne, elle jette, elle habille, elle nourrit les pauvres ; si on lui demande une pistole, elle en donne deux ; je n'avais fait qu'imaginer ce que je vois en elle. Il est vrai qu'elle a vingt-cinq mille écus de rente, et qu'à Paris, elle n'en dépense pas dix mille. Voilà ce qui fonde sa magnificence ; pour moi, je trouve qu'elle doit être louée d'avoir la *volonté* avec le *pouvoir*, car ces deux choses sont quasiment toujours séparées. »

Tels étaient quelques-uns des thèmes qui défrayaient la conversation, pendant, qu'à une table voisine,se poursuivait l'interminable partie d'hombre ou d'hoca.

Puis, brusquement, la scène changeait. On rangeait les cartes, on disposait tables et fauteuils le long des murs, et le salon (1) était envahi par une

---

(1) D'aucuns ont prétendu que Mad . de Sévigné n'a pas vu et n'a pas pu voir danser la bourrée chez elle. E. Montégut entre autres, a écrit : « Quant à la bourrée, elle *n'a pas été dansée* dans l'appartement de Mad. de Sévigné, mais dans l'agréable jardin qui s'étend sous ses fenêtres, et qui conduit aux rives de l'Allier, car cette danse, dont le caractère est d'exiger de nombreux figurants et un vaste espace, *n'aurait, pu se déployer* dans une étroite chambre. » (E. Montégut) *Revue des Deux Mondes*, an. 1874, t. I, pp. 821-822).

Or, voici ce que nous dit Mad. de Sévigné dans sa lettre du 20 mai : « Après dîner, on va chez quelqu'un ; c'était aujourd'hui *chez moi*. Mad. de Brissac a joué à l'hombre avec St-Hérem et Plancy ; le Chanoine et moi, nous lisons l'Arioste ; elle a l'italien dans la tête, elle me trouve bonne. *Il est venu* des demoiselles du pays avec une flûte qui ont dansé la bourrée dans la perfection ... »

Mad. de Sévigné ne donne pas de complément de lieu à « il est venu », de même qu'elle néglige d'en donner à « Mad. de Brissac a joué », et à « nous lisons » ; mais il est évident que ce complément de lieu est sous-entendu et qu'il est le même pour les trois verbes : on a joué *chez elle*, elle a lu *chez elle*,des demoiselles sont venues *chez elle*.

troupe de danseurs et de danseuses « en mascarades », qui venaient exécuter, à la très grande

---

D'autre part, la bourrée *n'exige pas*, ainsi que l'affirme
E. Montégut, de nombreux figurants. On la danse généralement à quatre, à six, ou à huit, mais on la danse aussi à
deux. Mad. de Sévigné elle-même, dans sa lettre du 11 juin,
nous parle de la bourrée à quatre : « Je voudrais bien vous envoyer pour la noce *deux filles et deux garçons* qui sont ici
avec le tambour de basque, *pour vous faire voir cette bourrée.* » Or, quatre personnes dansant la bourrée peuvent évoluer
entièrement à l'aise dans une chambre de grandeur moyenne
et, à plus forte raison, dans la pièce où la marquise recevait
ses amis.

Dans ses lettres de Vichy, Mad. de Sésigné parle à cinq reprises de la bourrée, le 19 et le 26 mai, le 1er, le 8 et le 11
juin. Elle nous apprend qu'elle l'a vu danser :

A) 1º Chez elle (19 mai) ; 2º dans les champs (1er juin) ;
3º dans les prés et les bocages (8 juin).

B) 1º Par des demoiselles du pays (19 mai) ; 2º par des
femmes fort jolies, sortes de danseuses en mascarades, parmi
lesquelles se trouvait un garçon déguisé en femme (26 mai) ;
3º par des paysannes (1er juin) ; 4º par des paysans et des
paysannes (8 juin) ; 5º par deux filles et deux garçons (11 juin).

C) Au son 1º d'une flûte (19 mai) ; 2º d'un violon et d'un
tambour de basque (8 juin) ; 3º du tambour de basque (11 juin).

De tout cela, il semble résulter : 1º qu'il y avait alors à
Vichy, plusieurs troupes de danseurs et de danseuses de
bourrée ; 2º que ces troupes se différenciaient par l'instrument
ou les instruments de musique dont elles se servaient et aussi
par la façon dont elles étaient composées ; c'est ainsi que la
troupe qui vint danser chez Mad. de Sévigné était constituée
non par des paysans et des paysannes, mais bien par des
demoiselles, ce qui, semble-t-il, lui donnait un caractère un
peu plus relevé.

joie de Mad. de Sévigné, quelques bourrées du pays. Ils dansaient aux sons de la flûte, du violon ou du tambour de basque, et ils se démenaient, tellement, avaient des poses si gracieuses, et une si grande légèreté, que Mad. de Sévigné ne pouvait se lasser de les admirer. Il y avait, entre autres, « un grand garçon déguisé en femme », — mais ici, je dois faire une autre coupure — « et qui les divertissait fort. »

Il est intéressant de noter l'attrait que présentaient à Mad. de Sévigné ces danses rustiques, parce que cela nous montre bien quel était l'éclectisme de son goût. Vous savez qu'elle aimait et fréquentait les bals élégants et somptueux qui se donnaient régulièrement à Versailles, et où l'on exécutait, aux sons moelleux et caressants de la musique de Lulli, des danses classiques aux mouvements lents, mesurés et toujours harmonieux ; mais cela ne l'empêchait pas de se prendre d'une sorte d'admiration pour les bourrées d'Auvergne, dansées aux sons rustiques de la flûte par des paysans et des paysannes ; elles la ravissaient par leur naïveté, leur hardiesse, la liberté et la rapidité de leurs mouvements, et aussi par leur saveur de terroir, c'est-à-dire par ce quelque chose de franchement national et de nettement français qui manquait peut-être un peu trop à Versailles où, dans presque tous les domaines, prédominait alors le goût classique, avec son élégance, sa mesure, sa clarté, son harmonie et sa perfection.

A cinq heures, commençait une distraction d'un nouveau genre, distraction fort appréciée de Mad. de Sévigné, et qui contribua, pour une large part, à lui faire trouver son séjour à Vichy infiniment agréable. Je veux parler des promenades qu'elle faisait aux environs, tantôt à pied, tantôt en carrosse. Quand elle partait à pied, il est probable qu'elle n'allait pas très loin, crainte de se fatiguer, bien qu'elle eût « conservé ses belles jambes », mais il lui suffisait de se rendre sur les bords de la « jolie rivière d'Allier », pour se trouver dans un « pays délicieux », et voir des prairies, des moutons, des chèvres et aussi « des paysans et des paysannes qui dansaient la bourrée dans les champs. »

Cette bourrée était pour elle un spectacle toujours nouveau ; elle devait naturellement s'arrêter pour la voir danser en plein air ; et alors, dans sa naïveté livresque, elle se figurait qu'elle avait devant elle « les restes des bergers et des bergères du Lignon. »

Ses promenades en carrosse lui faisaient naturellement faire plus ample connaissance avec le pays, et c'est alors surtout qu'elle voyait ces « mille petits bois, ces ruisseaux, ces prairies..... » dont elle parle avec ravissement.

Il y a des gens, dit Emerson, qui, alors même qu'ils parcourraient le monde, ne rencontreraient la beauté nulle part, parce qu'ils ne la portent pas en eux. (1) Tel n'était pas le cas pour Mad. de Sévigné, car, au cours de ces promenades, elle l'a rencontrée et a communié avec elle maintes et maintes fois, et l'impression que cette beauté particulière de la nature bourbonnaise a produite sur elle, se trouve condensée dans une phrase que je vous ai déjà citée, mais que je me permets de citer de nouveau ici : « *La beauté des promenades est au-dessus de ce que je puis vous en dire ; cela seul me redonnerait la santé.* »

Si l'on objecte que Mad. de Sévigné exagère, qu'elle a la manie du superlatif, et que, par suite, il faut savoir mettre au point les choses qu'elle dit ; si l'on prétend qu'elle change notre pays en un pays de rêve, de même qu'elle transforme nos paysans en bergers de l'*Astrée*, je répondrai, d'abord, que c'est là, peut-être, une question d'appréciation personnelle ; et puis, que d'autres écrivains ont tenu à peu près le même langage que Mad. de Sévigné. Ecoutez Fléchier, son contemporain : « Il n'y a pas dans la nature, de paysage

---

(1) « Though we travel the world over to find the beautiful, we must carry il with us or we find il not. » (EMERSON).

plus beau, plus riche et plus varié que celui de Vichy... Toutes les beautés de la nature semblent avoir voulu s'y réunir avec l'abondance et la santé. » (1)

A la même époque, Claude Fouët osait dire que « Vichy est le seul original de ces lieux fabuleux, que les poètes ont tant travaillé à nous décrire », tandis que A. Joly affirmait que « l'artifice ne peut rien ajouter à la beauté du pays. » Enfin, tout ré-

―――――

(1) Voir AUBENAS, *Madame de Sévigné*, tome VI, p. 146.
Voir aussi dans MALLAT, *Vichy à travers les Siècles*, tome I. (Vichy, 1890), pp. 223-233, un extrait des *Mémoires de Fléchier sur les Grands-Jours d'Auvergne en 1665*, d'où nous détachons les vers caractéristiques suivants :

. . . .

Toutes ces beautés à la fois
Rendent ce pays admirable.

. . . .

Tous les efforts que la peinture
Fait pour embellir la nature,
Ne sont que de faibles crayons
Des beautés que nous y trouvons.
Auprès de toutes ces merveilles
Qui peut-être sont sans pareilles,
Je n'estimerais pas un clou
Le paysage de Saint-Clou,
Non plus que celui de Surêne
Arrosé des flots de la Seine :
Et qui vante Montmorency
N'a rien vu s'il n'a vu ceci.

cemment, il y a deux ans à peine, le chapelain du 55e régiment d'artillerie américaine, Mr. Cutler, a écrit un volume de 480 pages, d'où je détache ces quelques lignes : « Nous continuâmes notre trajet à travers le Bourbonnais, remontant la vallée de l'Allier, *l'une des plus jolies régions de la France. Les champs n'y sont pas aussi bien entretenus qu'en Angleterre ; mais les sites offrent des aspects d'une rare beauté.* » (1)

Je suis persuadé que l'honorable chapelain Cutler est un de ceux qui portent la beauté dans

---

(1) Citons encore l'opinion d'un écrivain anglais du XVIIIe siècle : « I never felt what the distress of plenty was in any one shape till now — to travel it through the Bourbonnois, *the sweetest part of France...* Je n'avais jamais senti jusqu'alors ce que c'était que l'embarras de la richesse sous une forme quelconque — voyager à travers le Bourbonnais, *la plus charmante partie de la France...* Laurence Sterne. *A sentimental journey through France and Italy.*

Sur la « nature réellement belle et originale » du paysage de Vichy, lire dans la Revue des Deux Mondes, année 1874, pp. 826-829, *Impressions de voyage et d'art*, par E. Montégut : « Quel spectacle amusant, varié, plein de surprises, il présente lorsqu'on le regarde de la hauteur de Saint-Yorre !... Mais il en est un autre plus rare, sinon plus beau ; c'est celui qui se découvre des deux côtés du pont de Vichy.... » « J'ai vu deux fois Vichy, et si vous me demandiez pourquoi cette seconde visite, je vous répondrais que c'est précisément en l'honneur de ce paysage. » (p. 828).

leur cœur, et qui éprouvent à la contempler — que
ce soit en Bourbonnais ou ailleurs — cette joie durable, d'une nature si exquise et si pure, dont parle
le grand poète anglais *Keats* :

« *Une chose de beauté est une joie pour toujours.* » (1)

Mais quelque délicieuses que fussent ces promenades, Mad. de Sévigné ne les prolongeait pas
outre mesure, et pour cause, elle était toujours
une poule mouillée, et ne pouvait supporter la
fraîcheur du soir. Donc, pour éviter « le serein »,
elle rentrait à six ou sept heures, et comme l'air
vif et pur de la campagne avait aiguisé son appé-
tit, qui du reste était excellent, elle s'empressait
de faire honneur au souper qu'on lui servait. Après
avoir « mangé son poulet », — j'ignore si elle mangeait autre chose, en tout cas, c'est ce qu'elle
appelle « souper légèrement » — elle commençait
ou reprenait, (2) son entretien journalier avec sa
fille, entretien où elle mettait toute son âme et

---

(1) A thing of beauty is a joy for ever.
Premier vers d'*Endymion*, un des meilleurs poèmes de Keats.

(2) Mad. de Sévigné n'écrivait que rarement ses lettres
« d'une seule haleine ; elle les reprenait... » (let. du 23 juin
1677). Pendant son séjour à Vichy, elle écrivait parfois quelques lignes à dix heures du matin, à midi, ou à cinq heures
du soir ; mais c'est surtout après souper qu'elle se plaisait à
« converser » longuement avec elle.

toutes les grâces de son esprit, et qui lui a valu, sans qu'elle s'en doute, d'être placée au premier rang de nos écrivains.

Elle affectionnait tout particulièrement ce moment de la journée où, se trouvant enfin seule à seule avec sa chère enfant, elle épanchait son cœur de mère avec une aisance, un naturel, une franchise qui ravissent notre admiration, et que nous chercherions en vain, dans les œuvres des autres épistoliers, quelle que soit la nation à laquelle ils appartiennent.

Jouer aux cartes l'eût ennuyée : « Si j'avais à faire un doux sommeil », écrit-elle « je n'aurais qu'à prendre des cartes : rien ne m'endort plus sûrement. » Répondre à son cousin Bussy, l'eût fatiguée : « On n'ose écrire ici », lui dit-elle, dans la courte et unique lettre qu'elle lui envoie de Vichy, « cela fait mourir », et sur ce, finit cavalièrement « afin de lui conserver une cousine qui l'aime fort. » Mais correspondre avec sa fille, lui procurait un plaisir dont elle ne se lassait jamais : « Si je veux être éveillée, je n'ai qu'à penser à vous, à vous écrire, à causer avec vous des nouvelles de Vichy ; voilà le moyen de m'ôter toute sorte d'assoupissement. »

Ecoutez sur quel ton amusant, mais qui ne souffre pas de réplique, elle rejette le conseil que lui donne sa fille de ne pas se fatiguer à écrire d'aussi longues lettres : « Allez vous promener, Madame la Comtesse, de venir me proposer de ne vous point écrire : apprenez que c'est ma joie et le plus grand plaisir que j'aie ici. » (1).

Oui, c'était là son plus grand, son suprême plaisir, et nous en doutons de moins en moins au fur et à mesure que nous étudions ses lettres de plus près. Il aurait vraiment été inhumain de l'en priver ; c'est du reste ce qu'elle laisse entendre elle-même, dans une de ces phrases qui lui sont particulières, et où, sous une forme imagée, le sérieux et le plaisant sont si intimement unis qu'ils nous attendrissent et nous font sourire tout à la fois : « Si les médecins », dit-elle, « dont je me moque extrêmement, me défendaient de vous écrire, je leur défendrais de manger et de respirer pour voir comme ils se trouveraient de ce régime. »

Elle lui écrivait donc « tous les soirs », et les heures passaient rapides et enchanteresses, tandis que de sa main « tremblotante » elle rédigeait, sans

____

(1) Encore une idée que nous trouvons très souvent exprimée dans ses lettres : « Lire vos lettres et vous écrire, font la *première affaire de ma vie* ; tout fait place à ce commerce ; aussi les autres me paraissent plaisants. » (18 mars 1671).

» Je me divertis autant à causer avec vous, que je *laboure* avec les autres. » (1er déc. 1675).

effort (1) et sans la moindre rature (2), des lettres qui sont autant de chefs-d'œuvre. Si parfois elle s'arrêtait, c'était pour permettre à sa main, « dont le dedans était fort enflé et les doigts aussi », de se reposer un peu, et non pour chercher un mot, non pour arrondir une phrase, car elle possédait à un degré rare le don de l'expression : les mots accouraient en foule au bout de sa plume (3), et n'attendaient que le moment favorable de s'en échapper, l'un pressant l'autre, précis et savoureux, lumineux et colorés, peignant les personnes et les choses de telle façon, qu'en la lisant, on s'imagine les voir. » (4)

Enfin, à dix heures, Mad. de Sévigné songeait à prendre un peu de repos, car il fallait se lever de bonne heure le lendemain ; et comme elle dormait fort bien, et que, d'autre part, ainsi qu'on l'a

---

(1) « Vous avez raison de croire que j'écris sans effort. » (28 ma 1676).

(2) « Je ne relis mes lettres qu'après qu'elles sont faites ; et quand je m'aperçois qu'elles contienent des répétitions, je fais une grimace épouvantable ; mais il n'en est autre chose, car *je ne sais pas raccommoder.* » (11 mars 1672). Voir aussi la lettre du 3 av. 1681.

(3) « Je fais de la prose avec une *facilité* qui vous tue. » (22 av. 1671).

(4) « Si mes lettres vous *peignent bien* ce que je dis, et que vous *croyiez le voir,* vous serez satisfaite de ce que je vais vous mander. » (20 mars 1671).

fait justement remarquer, elle ne s'est jamais plus
louée des lettres de sa fille que pendant son séjour
à Vichy (1), je me permettrai d'ajouter qu'elle ne
devait pas tarder à goûter les douceurs du sommeil, et à rêver aux « choses aimables, tendres,
bonnes et vraies » que lui disait Mad. de Grignan.

Ainsi Mad. de Sévigné passait la plupart de ses
après-midi et de ses soirées, ainsi elle parvenait,
non seulement à éviter l'ennui, mais encore à se
distraire selon ses goûts et sans se fatiguer, ce qui
est, en somme, le meilleur moyen à employer pour
permettre aux eaux de produire tous leurs effets.

Or, ces effets furent précisément tels qu'elle
pouvait le désirer. Elle le proclame elle-même à
différentes reprises ; mais comme la manière dont
elle le proclame me paraît intéressante au point de
vue littéraire, je ne puis résister au plaisir de vous
en dire un mot ici.

Tantôt, l'expression dont elle se sert, est nette,
franche et directe : « J'avais fondé mon voyage de
Vichy sur les sueurs de la douche pour m'ôter à
jamais la crainte du rhumatisme : voilà ce que je
voulais, et ce que j'ai trouvé » ;
tantôt, elle y introduit un mot ayant un sens

---

(1) AUBENAS, *Mad. de Sévigné*, t. VI, p. 153.

figuré : « Je me crois à *couvert* des rhumatismes pour le reste de ma vie » ;

tantôt, elle l'orne d'une métaphore, c'est-à-dire d'un mot qu'elle détourne de sa signification ordinaire :

« Mais pour cette *lessive* que l'on voulait faire de moi une bonne fois, elle sera dans la perfection; »

« Prendre les eaux de Vichy, c'est comme si on renouvelait un *bail* de vie et de santé » ;

tantôt, après l'avoir parée d'une métaphore, elle la termine par une allusion littéraire :

« Les eaux et la douche m'ont si bien *savonnée* que je crois n'avoir plus rien dans le corps ; et vous pouvez dire comme à la comédie : « Ma mère n'est point impure » (1). ;

tantôt, elle la pénètre de sentiment, tout en la relevant par un contraste :

« Je suis assurée que vous aurez quelque joie de me revoir et de m'embrasser en l'état où je suis, après avoir vu celui où j'ai été » ;

tantôt, enfin, elle lui donne un tour à la fois poétique et familier :

---

(1) Allusion à l'*Amour Médecin* de MOLIÈRE, Act. II, Sc. II.

M. TOMÈS : Nous avons vu suffisamment la malade ; et sans doute, il y a beaucoup d'impuretés en elle.

SGANARELLE : Ma fille est impure !

« Personne ne s'est si bien trouvé de Vichy que moi, car bien des gens pourraient dire :

> Ce bain si chaud, tant de fois éprouvé,
> M'a laissé comme il m'a trouvé.

« Pour moi, je mentirais ; car il s'en faut si peu que je fasse de mes mains comme les autres, qu'en vérité ce n'est pas la peine de se plaindre. »

Vous le voyez, Mad. de Sévigné sait draper une même idée dans un vêtement toujours nouveau et toujours approprié, et ce faisant, nous donne le plus naturellement du monde, et certainement sans s'en douter, une petite leçon de rhétorique.

Mad. de Sévigné avait trouvé à Vichy le soulagement à peu près complet de ses maux. Seules ses mains qui « ne se fermaient point encore » (1), avaient résisté à l'influence des eaux. Mais elle ne s'en inquiétait pas outre mesure, car elle pensait que les fortes chaleurs de l'été ne tarderaient pas à les remettre en l'état où elles étaient avant sa maladie : « le chaud », dit-elle « les achèvera... le chaud fera mon affaire. » Aussi, jugea-t-elle inutile de suivre le conseil qu'on lui donnait d'aller au « Mont d'Or », afin d'y parfaire l'œuvre de Vichy.

------

(1) « Je ne puis les fermer qu'autant qu'il faut pour tenir une plume ; le dedans ne fait encore aucun semblant de vouloir se désenfler. » (4 juin).

Ayant terminé son traitement le vendredi, 13 juin, elle partit le lendemain matin, contrairement à la recommandation des médecins d'alors, de « se reposer un ou deux jours avant de se mettre en chemin. » (1) Il est vrai qu'elle ne fit qu'une très courte étape — une vingtaine de kilomètres — qui la conduisit à Langlar, près de Gannat, et où elle trouva le repos qui lui était nécessaire avant de reprendre le chemin de Paris.

Son hôte, l'abbé Bayard, probablement bourbonnais de naissance, semble avoir été un de ces hommes que l'on rencontre toujours avec plaisir, qu'on ne quitte qu'à regret, et dont la mort, lorsqu'elle survient, est une véritable perte pour leurs amis. Lorsqu'il arrivait à Mad. de Sévigné de parler de lui, elle disait beaucoup de bien de son cœur et de son âme, parce qu'il y en avait beau-

______

(1) D'autre part, elle partit sans se purger, ce qui était également contraire aux recommandations des médecins : « après l'usage des eaux », dit Mareschal, « il est nécessaire de se *fortement* purger ». « Après la cure, on se purgera » dit C. Fouët, « puis l'on se reposera deux ou trois jours, et après une *seconde purgation*, on pourra reprendre le cours de la vie habituelle. »

Mais elle se purgea à Langlar, le lendemain de son départ de Vichy : « Je vins à Langlar samedi », écrit-elle, « je me purgeai hier (dimanche) pour m'acquitter du cérémonial de Vichy. » (15 juin 1676).

coup à dire. Malheureusement, ses paroles se sont
envolées, et il ne nous reste que les quelques traits
qu'elle a jetés, çà et là, dans ses lettres, au courant
de la plume. Ces traits, toutefois, suffisent pour
nous donner une idée assez précise du personnage.
Elle l'appelle le Druide *Adamas* de la province,
sans doute parce qu'il lui faisait songer au prince
des Druides de l'*Astrée* par les solides vertus dont
il était doué. Elle aimait sa probité, qui était parfaite, sa sagesse, qui lui permettait de donner
d'excellents conseils, son sens entendu des affaires (1), et surtout sa modération, qui lui avait fait
trouver ce que d'autres ne trouvent jamais avec
toutes les grâces de la fortune, je veux dire le
bonheur. L'abbé Bayard, en effet, était un homme
heureux ; et, ce qui est peut-être plus rare encore,
il avait conscience de l'être ; et cela se voyait sur
son visage tour à tour grave et enjoué, mais que
n'attristaient que rarement les soucis de la vie.
Son plus grand plaisir semble avoir consisté à faire
partager le bonheur dont il jouissait. Aussi, nul
n'a pratiqué plus largement l'hospitalité. Sa jolie
maison de Langlar (2) était constamment ouverte

---

(1) Bayard était un autre d'Hocqueville pour les affaires
C'est lui qui s'occupait de celles de Mad. de la Fayette. (Let
de Mad. de la Fayette à Mad. de Sévigné, du 30 juin 1673).

(2) « Le château de Langlar, situé près du hameau de
Mazerier, à 2 kil. de Gannat, est une construction ancienne

à ses amis. Tout y était en joie et en danse, même lorsqu'il en était absent ; les violons, les fifres et les tambours y faisaient un bruit de fête de province le plus agréable du monde ; on y célébrait sa santé, on y vantait ses vertus, et l'on ne manquait pas, en partant, de lui envoyer une relation de ce qui s'était passé chez lui pendant son absence, car on savait que c'était la meilleure façon de le remercier.

---

qui peut remonter au XIVe siècle. Les quatre tours non symétriques, dont cette habitation est flanquée, ne sont ni hautes, ni remarquables. La façade méridionale percée de fenêtres à croisillons, est seule assez bien conservée. La partie la plus curieuse de ce manoir, c'est un oratoire presque souterrain, où l'on trouve des fresques représentant le jugement dernier, le paradis et l'enfer. On y voit l'ange et le diable pesant les âmes des morts dans d'énormes balances, et les damnés qui brûlent dans de grandes chaudières sur un brasier ardent. Quant au paradis, c'est un sompteuux château gothique où les élus arrivent à la suite les uns des autres. On trouve une descritpion charmante de ces lieux dans un petit poème intitulé : *La Terrasse de Langlar*, publié en 1822 par M. Hennequin, ancien sous-préfet de Gannat, ancien député de l'Allier.

Le château de Langlar a successivement appartenu aux Montmorin, aux Bayard, et à la famille de Bonnevie, qui l'a cédé, il y a quelques années, à feu M. Jouannique, notaire à Gannat. Ce dernier a relevé des ruines et fait des réparations assez importantes aux bâtiments. » (Joseph BONNETON. *Légendes et nouvelles bourbonnaises*. Paris, 1878, pp. 176-178).

Mais si, d'aventure, il se trouvait au logis pour en faire les honneurs, — et ce fut précisément le cas lorsque Mad. de Sévigné vint à Langlar en 1676 — on y passait des moments plus agréables encore, car « sa présence était, pour ses hôtes, la meilleure chose qu'ils pussent avoir », et l'on se surprenait, ainsi que nous le verrons tout à l'heure, à s'attarder chez lui un peu plus longtemps qu'on ne l'aurait désiré.

D'ailleurs, on se trouvait dans un lieu ravissant. Bayard avait apporté tous ses soins à l'embellissement de son domaine, et était parvenu, à force « d'adresse et de courage », à transformer « l'affreuse » colline où il était situé, en une sorte de petit coin de l'ancienne Arcadie, où ses invités pouvaient, pendant la belle saison, mener une heureuse vie de plein air. Dans le parc qui entourait le château et s'étendait sur le flanc de la colline, on ne voyait nulle part de ces allées tracées au cordeau avec une régularité par trop géométrique, ni de ces arbres taillés en forme de pain de sucre ou d'oiseau plus ou moins fantastique ; Bayard avait voulu qu'on y respectât la nature au lieu de l'opprimer : aussi, s'y épanouissait-elle librement dans toute sa splendeur et sa beauté. C'était là une nouveauté que n'aurait certainement pas approuvée Lenôtre, le fameux dessinateur des Jardins de Versailles, mais qui, au siècle suivant,

aurait fait les délices de Jean-Jacques Rousseau.
Quoi qu'il en soit, Mad. de Sévigné en fut charmée,
et elle en parle comme de « la chose la plus belle,
la plus délicieuse et la plus extraordinaire qui soit
au monde ». Et puis, il y avait un petit bois odori-
férant où elle aimait à rêver, parce qu'il lui faisait
souvenir des parfums de la Provence, et aussi,
parce qu'elle s'imaginait y voir les faunes dont il
était peuplé danser la bourrée d'Auvergne au son
des musettes et des hautbois. Enfin, il y avait la
terrasse du château, « terrasse admirable », d'où
la vue plongeait sur Gannat et ses environs immédiats, et s'étendait, par dessus la fertile Limagne,
jusqu'aux premiers contreforts des Monts du
Forez.

Au reste, tout l'enchantait à Langlar, les *êtres*
non moins que les *choses*. Parmi les personnes
qu'elle y rencontra, se trouvait un des cousins de
l'abbé Bayard, jeune homme charmant, plein
d'esprit et dont elle faisait grand cas. « S'il y eût
été au temps de la duchesse de Brissac », assure-
t-elle, « il eût été fort digne qu'elle eût tiré dessus.
Il ne dit et ne fait rien à gauche, il est jeune et joli,
et danse la bourrée ; il fait des chansons avec une
facilité surprenante », et elle envoie à sa fille une
des dernières qu'il vient de composer. Un jeune
homme aussi accompli dut certainement contribuer
à entretenir la gaieté au château.

D'autre part, au cours de ses promenades dans le parc et dans les environs, elle se plaisait à observer les gens du pays, car ils lui semblaient sortir un peu de l'ordinaire par leur bon sens et leurs bonnes manières : « Il y a dans ce voisinage », déclare-t-elle, « des gens plus raisonnables et d'un meilleur air que je n'en ai vus en *nulle autre province*. » C'est là un jugement qui ne laisse pas de flatter singulièrement notre vanité provinciale, d'autant plus que nous n'avons aucune raison de douter de la sincérité de Mad. de Sévigné.

Pendant les quatre ou cinq jours qu'elle passa à Langlar, Mad. de Sévigné se remit à peu près complètement de ses fatigues de Vichy. Elle était heureuse de sentir renaître ses forces ; elle s'applaudissait de n'être plus « une sotte poule mouillée », de pouvoir se promener un peu tard, et de « reprendre ses heures de coucher » ; elle jouissait avec plaisir de la bride qu'on lui « avait mise sur le cou »,(1) après la contrainte qu'elle avait dû accepter à Vichy ; mais elle se gardait bien d'en abuser ; «elle conduisait très sagement sa barque » ; si elle se couchait tard, son « sommeil se raccommodait avec le matin », et puis, se fût-elle égarée, on n'aurait

____

(1) « Vous aimeriez », dit-elle, « la liberté qu'on trouve à Langlar, plus grande qu'à Fresnes... »

eu qu'à lui crier : « *Rhumatisme* ! C'est un mot qui l'eût bien vite fait rentrer dans son devoir ».

Mad. de Sévigné se trouvait à Langlar depuis deux ou trois jours, lorsque la princesse de Tarente, qui se rendait de Bourbon à Vitré, lui envoya un laquais pour lui dire qu'elle s'arrêterait à Moulins le lendemain, mardi, 16 août, et qu'elle serait heureuse de causer avec elle avant de retourner en Bretagne. Or, Mad. de Sévigné tenait à ne pas manquer ce rendez-vous pour toutes sortes de raisons. D'abord, la princesse de Tarente était très bien en cour : Monsieur l'appelait sa « bonne, sa chère tante » ; Madame « lui écrivait avec tendresse », et Monsieur et Madame « faisaient mille honnêtetés » aux personnes qui avaient le don de lui plaire ; en second lieu, la princesse venait de passer trois semaines à Bourbon, où elle avait vu fréquemment Madame de Montespan, qui avait dû lui apprendre quelques-unes de ces nouvelles dont Mad. de Sévigné était si friande, et qu'elle s'empressait de mander à sa fille ; et puis, elle se rendait directement en Bretagne, où Mad. de Sévigné avait certainement quelques compliments ou quelques messages à faire transmettre ; enfin, et cela seul aurait suffi, la « bonne princesse » lui témoignait, depuis longtemps déjà, une sincère amitié, la « recevait avec transport », et avait la bonté d'être

« touchée de la personne et de l'esprit de Mad. de Grignan. »

Mais si Mad. de Sévigné tenait à voir la princesse de Tarente, il lui en coûtait de s'arracher si tôt aux délices de Langlar. Aussi, sur l'insistance de Bayard, dont l'amitié était exigeante, se décida-t-elle à y rester un jour de plus. « Bayard », écrit-elle, « avec sa parfaite vertu, ne voulut jamais comprendre cette nécessité de partir ; il retint le laquais, et m'assura si bien qu'elle m'attendrait jusqu'au mercredi, et que même il viendrait avec moi, que je cédai à son raisonnement. »

Elle quitta donc Langlar le mercredi matin, en compagnie de l'abbé ; mais arriva trop tard à Moulins pour y rencontrer la princesse de Tarente, qui, fatiguée de l'attendre, ne voyant rien venir, pas même son laquais, avait repris « inconsolée » et « inconsolable », le chemin de la Bretagne, après lui avoir « écrit toutes les lamentation de Jérémie. » C'était là un bien fâcheux contretemps, et Mad. de Sévigné, dans un accès d'humeur assez compréhensible, en fit retomber toute la faute sur l'abbé Bayard. Pauvre Bayard ! Quel mauvais quart d'heure il dut passer ! Heureusement que Mad. de Sévigné ne lui garda pas rancune, car elle fait de lui le plus grand éloge dans la même lettre où elle nous annonce avoir eu des envies de le battre. Et puis, le moyen d'en vouloir à l'abbé

Bayard, à cet hôte parfait, qui l'avait reçue à bras ouverts, et ne s'était pas contenté de lui dire adieu à la grille de son château, mais avait tenu à faire la première étape avec elle, tant était grand le désir qu'il avait de lui plaire.

Mad. de Sévigné passa à Moulins le reste de la journée, et y coucha chez Mad. Foucquet qui, se trouvant alors à Pomé, avait mis son logis de Moulins à sa disposition, et lui avait même envoyé « une fort jolie femme de ses amies pour lui en faire les honneurs. » (1) Le lendemain, elle alla « dîner à Ste-Marie avec le tombeau de M. de Montmorency et les petites Valençay », et puis se rendit à Pomé dans la « petite maison » (2) que la mère et la

---

(1) Cette fort jolie femme était Marie-Françoise de Monmorin, mariée en 1666 à Jean-Frédéric de Gamaches, comte de Châteaumélian. Voici ce que Mad. de Sévigné dit d'elle le 14 oct. suivant : « Elle est vive, elle est jolie femme : elle ne m'a pas quittée pendant quatre ou cinq jours, en deux fois, que j'ai été à Moulins ou chez Mad. Foucquet ; enfin elle est ma première amie de Moulins. »

A Moulins, elle fit aussi la connaissance d'un M. le Châtelain « qui était un très bon et très honnête homme... et avait de l'esprit et de la piété. » Dans sa lettre du 14 octobre 1676, elle annonce qu'elle va lui écrire et ne doute pas qu'il ne rende mille petits services à Mad. de Grignan lorsque celle-ci passera à Moulins.

(2) « Cette maison est agréable ; la chapelle ornée », c'est là tout ce que nous apprend Mad. de Sévigné sur ce que nous

femme de Foucquet avaient achetée, et où elles vivaient dans la solitude et la prière, tout en faisant d'amères réflexions sur les étranges et soudaines vicissitudes de la fortune.

Elle trouva « ces deux saintes » en compagnie d'une des sœurs de Foucquet, qui s'était faite religieuse, et était venue passer quelque temps avec elles ; si bien qu'il sembla à Mad. de Sévigné que « toute la sainteté du monde » s'était donné rendez-vous au château.

Après trois jours passés à Pomé, à s'entretenir avec les dames Foucquet du brillant passé du surintendant, «des horreurs de son exil », et aussi des espérances qu'on avait, depuis peu, de voir Mad. de Montespan, et par suite le Roi, « se souvenir et prendre quelque pitié de ses malheurs », la marquise de Sévigné retourna coucher à Moulins où Mademoiselle Foucquet l'accompagna pour lui faire les honneurs de chez sa mère, et le lendemain matin, elle reprit sa route vers Paris.

Elle quitta le Bourbonnais par des « chaleurs excessives », qui devaient se prolonger bien après son retour à Paris. De Briare, elle écrit, le 24 juin, qu'elle n'eut jamais imaginé un chaud pareil à cette

---

appelons aujourd'hui le château de Pomé, situé à huit kilomètres de Moulins, dans la commune de Lusigny.

époque de l'année. Pas n'était besoin des feux de la Saint-Jean pour se chauffer ; les ardeurs du soleil les remplaçaient avantageusement. Aussi, transpirait-elle sans cesse et si abondamment, qu'il lui fallait changer de linge trois fois en un jour. « Les médecins », dit-elle, « appellent l'opiniâtreté de mes mains un reste de rhumatisme un peu difficile à persuader ; mais voici un chaud qui doit convaincre de tout. » Ce chaud était si intense, qu'il desséchait et ruisseaux et rivières. Lorsqu'elle revit « notre belle Loire », elle la trouva entièrement à sec en plusieurs endroits, et cependant, Mad. de Montespan et la princesse de Tarente l'avaient descendue en barque quelques jours auparavant : « Je ne puis comprendre », dit-elle, « comment elles auront fait ; elles auront glissé sur le sable. »

Afin d'éviter la chaleur du jour, Mad. de Sévigné partait à quatre heures du matin, parfois même en pleine nuit (1), et prenait plaisir « à voir lever l'aurore et à dire dévotement les sonnets qui la représentent. » (2) Puis, lorsque les rayons du

-----

(1) » Nous marchons quasi toute la nuit, et nous suons le jour. »

2) Le sonnet de Voiture, par exemple, sonnet dont elle cite le premier tercet dans sa lettre du 19 juillet 1671 : ou

soleil se faisaient sentir avec un peu trop d'ardeur, et que les chevaux témoignaient qu'ils seraient bien aise de ne pas aller plus loin, on s'arrêtait dans la ville la plus proche, et « l'on dormait sur la paille ou sur les coussins du carrosse », ce qui, pour elle, devait être une nouveauté. On le voit, son voyage de retour, bien qu'un peu fatigant, ne manqua ni de pittoresque, ni d'un certain charme poétique.

Après avoir quitté Nemours, elle devait rencontrer sur sa route, à une lieue de Melun, le célèbre château de Vaux, qu'elle n'avait pas revu depuis dix-huit ans, et où se trouvait le fils aîné de Foucquet. Elle décida de s'y arrêter, «dans le dessein de se rafraîchir auprès de ces belles fontaines et de manger des œufs frais », mais aussi — quoi qu'elle ne le dise pas — afin de pouvoir causer librement de son malheureux ami avec quelqu'un des siens. Le comte de Vaux, qui avait appris son arrivée, lui donna un fort bon souper où durent certainement figurer les œufs frais dont elle avait envie ; malheureusement, elle trouva « toutes les fontaines muettes et sans une goutte d'eau, parce qu'on les raccommodait », et ce petit mécompte la fit bien rire.

---

bien le sonnet, alors très connu, de *La belle matineuse* de Malleville. (Voir Recueil des plus belles pièces des poètes français. Amsterdam, 1692, tome III, p. 62).

Lorsqu'elle arriva à Paris, huit jours après avoir quitté Moulins, les chaleurs étaient toujours aussi intenses ; elle pouvait, avec tout autant de raison qu'elle l'avait fait à Nemours, défier la Provence d'être plus embrasée que la capitale ; « jamais les thermomètres ne s'étaient trouvés à telle fête » ; il y avait si peu d'eau dans la rivière, et tant de personnes désiraient s'y baigner « qu'on ne s'y baignait plus que par billet » ; et cette extrême sécheresse devait s'accentuer encore, puisque trois semaines plus tard « on pouvait passer la Seine tous les jours à gué, et se moquer de tous les ponts de l'île. »

Ses amis s'empressèrent autour d'elle dès qu'ils eurent vent de son retour ; elle « trouva à sa porte », Mmes de Villars, de St-Géran, d'Heudicourt ; un moment après, elle vit apparaître M. de la Rochefoucauld, Mad. de la Sablière, les Coulanges, Sanzei, d'Hacqueville, et *tutti quanti* ; mais aucun ne fut autant ravi de la revoir que le Bien Bon ; « le brave homme », dit-elle, « ne savait quelle chère me faire, et me témoigna une extrême envie que j'eusse bientôt une joie pareille à la sienne. »

Après son arrivée à Paris, elle garda le logis huit jours « comme si elle était bien malade » ; et à tous ceux qui venaient la voir, elle célébrait les eaux salutaires de Vichy « qui l'avaient savonnée

au point de ne lui avoir rien laissé dans le corps. »
Il lui vint même l'idée d'entreprendre de confondre Bourbon si jamais le Vieux de l'Orme prenait congé de la Compagnie.

Les eaux, toutefois, ne l'avaient pas complètement guérie, car elle ne pouvait encore fermer les mains, ni couper des fruits, ni les peler, ni surtout danser la bourrée d'Auvergne ; et c'est pourquoi nous la verrons, l'année suivante, faire une nouvelle saison à Vichy.

Son second séjour à Vichy (1)

La cure que Mad. de Sévigné fit à Vichy en 1676
fut excellente, mais non parfaite ; elle la soulagea
beaucoup, mais ne la délivra pas complètement
de ses maux, à telle enseigne qu'elle jugea bon
d'y retourner l'année suivante ; et c'est de cette
deuxième cure, ainsi que des circonstances dans
lesquelles elle fut entreprise et menée à bien, que
je voudrais vous parler aujourd'hui.

La chose, ainsi qu'on me l'a fait remarquer, est
peut-être un peu hasardeuse ; en tous cas, ce n'est
qu'après avoir longtemps hésité que je me suis
décidé à l'entreprendre. Les saisons successives
que l'on fait dans une station thermale, en effet,
se ressemblent, pourrait-on dire, comme deux
gouttes d'eau. On part généralement à la même
époque, par un temps presque toujours semblable ;

(1) Conférence faite aux « *Amis de Montluçon* », en mai 1923.

on voit le même médecin, qui vous prescrit, à quelques grammes d'eau près, le même traitement ; on y fréquente à peu près les mêmes personnes ; on y trouve à très peu près le même genre de distractions ; on y refait les promenades de l'année précédente, et l'on en revient avec la même conviction qu'on se trouve en bonne voie de guérison.

Si j'avais, personnellement, à vous parler des nombreux séjours que j'ai faits à Vichy, j'en prendrais un — le premier de préférence, parce que c'est lorsqu'on voit les choses pour la première fois qu'on en est généralement le plus frappé, — je le décrirais en détail, et vous tiendrais quittes des autres, persuadé que je vous aurais dit l'essentiel.

Or, c'est précisément ce que j'ai fait à propos de Mad. de Sévigné : je vous ai entretenus de ses moindres faits et gestes, lors de son premier séjour à Vichy ; je vous ai dit tout ce qu'elle pensait des eaux, de notre province et de ses habitants ; dès lors, à quoi bon venir vous parler de son deuxième séjour ? Cela semble inutile, puisque je vous ai déjà dit l'essentiel de sa pensée, et cela serait peut-être dangereux, en ce sens que je ne pourrais guère éviter de me répéter.

L'objection, vous le voyez, est très forte, et elle porterait de tout son poids s'il s'agissait d'une personne ordinaire ; or, Mad. de Sévigné n'est pas du tout une personne ordinaire : elle est douée d'une sensibilité si exquise, que son cœur vibre au moindre choc ; et elle possède une telle puissance verbale qu'elle arrive à nous communiquer ses impressions dans presque toute leur plénitude ; une chose banale, dite par elle, revêt aussitôt un charme irrésistible (1) ; elle a beau se répéter, revenir cent fois sur le même sujet, elle ne parvient pas à nous lasser, tant elle sait mettre de variété, d'aisance, de naturel, de finesse et de bonhomie dans l'expression de ses idées et de ses sentiments (2). Elle a accompli le tour de force

---

(1) « Tout devient or entre vos mains. » (Lettre de Mad. de Coulanges à Mad. de Sévigné, 26 nov. 1694). Sa fille trouve qu'elle a « une manière de tourner les moindres choses qui rend ses lettres charmantes. » Lettre du 8 janv. 1674.

(2) Qu'on relise, par exemple, les lettres où elle « conseille », « demande », « ordonne », etc. à sa fille, dont la santé était alors assez mauvaise, de ne pas se fatiguer à lui écrire longuement. Pendant sept ou huit mois, de novembre 1679 au mois de juin 1680, elle revient à peu près régulièrement sur cette idée, la tourne, la retourne, l'expose sous toutes ses faces, la colore, la nuance et la rend chaque fois différemment, mais toujours avec bonheur. On dirait un miroir à mille facettes, ayant chacune une forme différente, mais reflétant le ciel avec la même pureté ; ou encore, une série de coups de marteau enfonçant un même clou, avec un rythme régulier et une force égale, mais rendant chacun un son différent.

« J'admire », dit-elle, « comme on peut tourner uniquement,

d'éviter la monotonie en écrivant des milliers de lettres dont le thème principal est toujours le même : l'amour maternel ; une seule corde lui a suffi pour produire les airs les plus variés et les plus captivants. Cela étant, — et je crois bien pouvoir affirmer que cela est — nous aurions vraiment mauvaise grâce de refuser de la suivre de nouveau à Vichy, sous prétexte d'ennui ou de répétition possible.

D'ailleurs, son second voyage à Vichy offre des caractères particuliers, qui le différencient assez nettement du premier. Elle l'entreprit, en quelque sorte, par reconnaissance, comme nous dirions aujourd'hui ; et elle l'entreprit, non pas au mois de Mai, comme le premier, mais quatre mois plus tard, presque au commencement de l'automne ; ensuite ,elle prit, pour se rendre à Vichy, le chemin des écoliers, — car rien ne la pressait, — fit un long détour par la Bourgogne, afin de visiter quelques-uns de ses amis, et n'arriva au but de son voyage qu'après maintes péripéties, qui ne furent pas toujours sans danger pour elle ; enfin, elle eut à Vichy des préoccupations intéressantes, dont je vous rendrai compte, et y fréquenta une société

---

sur une pensée. » (19 janvier 1680). Nous l'admirons, comme elle, et ne pouvons nous lasser de voir avec quelle aisance, quel charme et quel naturel, elle y réussit.

que je n'ai pas encore eu le plaisir de vous pré-
senter. Et tout cela, après réflexion, me paraît
former une matière suffisamment neuve et abondante pour que mes hésitations n'aient plus leur
même raison d'être. Et puis, — car il faut bien
que je vous dise toute ma pensée, — il m'aurait
été pénible d'opposer un refus aux nombreux
« Amis de Montluçon » qui m'ont demandé, avec
une insistance dont je leur sais gré, de donner une
suite à ma deuxième causerie.

Vous vous rappelez que, dans cette deuxième
causerie, nous avons accompagné Mad. de Sévigné
jusqu'à Paris, et que nous l'y avons laissée un
peu fatiguée par son voyage de retour, mais très
satisfaite de la saison qu'elle venait de faire dans
notre station thermale. Aussi, son grand plaisir,
pendant les quelques semaines qui suivent, est de
« conter Vichy », de célébrer les vertus « miraculeuses » de ses eaux et de dire « comme elle s'en
est trouvée. » Sa santé lui paraît à ce point rétablie, qu'elle est résolue, jusqu'à nouvel ordre tout
au moins, à ne plus faire aucun remède. Il lui reste
bien encore quelques « petites incommodités »,
mais c'est si peu de chose, que cela ne vaut pas
la peine qu'on s'en inquiète ; la Canicule qui va
arriver suffira pour les faire disparaître. Or, la
Canicule arrive et passe, et ces petites incommodités restent, avec peut-être une tendance à

s'aggraver. Force lui est donc de prendre de nouveau l'avis de ses médecins. Je dis *ses* médecins, car elle en avait une demi-douzaine, dont voici les noms : Charles de l'Orme, Villebrune, Bourdelot, Vesou, Brayer et Amonio.

Je vous ai déjà parlé assez longuement du premier, du savant et respectable *Charles de l'Orme,* notre compatriote, qui fut intendant des eaux de Bourbon-l'Archambault. Vous vous rappelez qu'il avait fortement conseillé les eaux de Bourbon à Mad. de Sévigné. Aussi, son premier soin, lorsqu'il revit la marquise à son retour de Vichy, fut-il de la « gronder » de n'avoir pas suivi son conseil. « J'avoue », lui dit-il, « que pour boire, Vichy est aussi bon, mais pour suer il faut se rendre à Bourbon. » Or, Mad. de Sévigné ayant « sué à Vichy jusqu'à l'excès », trouva que le vieux bonhomme radotait et ne changea nullement « d'avis sur le choix qu'elle avait fait. »

Le deuxième, *Villebrune,* était un capucin qui, après avoir perdu un bénéfice de 4.000 livres de rentes qu'il avait à Laval, avait « jeté le froc aux orties » et s'était adonné à la médecine avec passion. Mad. de Sévigné ne trouvait rien à reprendre en lui, « ôtez-en quelque fragilité » (1), un peu de

____

(1) Charles de Sévigné parle de la « friperie de Villebrune, et croit qu'un compère qui avait jeté le froc aux orties ne devait pas être de trop bonnes mœurs. » (15 déc. 1675).

charlatanisme et un air « d'oiseau effarouché qui ne sait où se reposer. » C'était une façon de savant doué de beaucoup d'esprit et causant fort bien, de sorte qu'il vous divertissait, quel que fût le chapitre sur lequel on le mît. D'ailleurs, « il avait un talent admirable pour la médecine, et afin de se perfectionner dans cette science, et d'apprendre des secrets qu'il ne croyait réservés qu'au soleil du Languedoc », il venait de se rendre à Montpellier, en passant par Grignan où il s'arrêta quelques jours. C'est donc par correspondance qu'il traite Mad. de Sévigné, mais il peut le faire tout aussi bien que s'il la voyait, « car il sait sa maladie d'un bout à l'autre » (1). Un beau jour, du fin fond du Languedoc, il lui « envoie d'une poudre admirable » qui ne pouvait manquer de la guérir, attendu, disait-il, qu'elle ressuscitait les morts. Une telle affirmation fait sourire Mad. de Sévigné, parce qu'elle lui rappelle la scène fameuse du petit garçon à la fossette dans le *Médecin malgré lui* (2), mais elle ne laisse pas, pour cela, d'essayer

---

(1) C'est lui, surtout, qui l'avait soignée aux Rochers, l'hiver précédent. « Il est fort estimé dans notre Bretagne ; il y a presse à qui l'aura... Il m'a été d'une grande consolation aux Rochers. » (Let. du 1er juillet 1676).

(2) Ce petit garçon, après s'être brisé la tête, les bras, les jambes en tombant du haut d'un clocher en bas, fut remis

la poudre souveraine que lui préconise Villebrune.
Le savant docteur a beau prendre des airs de charlatan et se montrer « un homme à facettes encore
plus que les autres », elle ne peut se résoudre à lui
retirer sa confiance.

Le troisième, *Pierre Michon*, dit l'*abbé Bourdelot*, devait avoir une certaine valeur, car il avait
été médecin de la reine Christine de Suède, puis
attaché à la personne du grand Condé,qu'il accompagna, en 1638, au siège de Fontarabie ; mais il
avait aussi la douce manie, assez répandue, même
parmi les gens sensés, d'écrire des vers, alors qu'il
ne pouvait en faire que d'exécrables ; et, naturellement, il en envoyait à Mad. de Sévigné, tout en
se défendant d'être poète, ce à quoi elle était bien
tentée de lui répondre : « Et pourquoi donc faites-
vous des vers ? Qui vous y oblige ?... Peut-on avoir
de l'esprit, et se méconnaître à ce point-là ? » Un
jour, il l'appela, dans son langage poétique, « la
Mère des Amours » ; mais elle ne reçut que froide-
ment « ce froid éloge », et lui fit une réponse —
malheureusement perdue — qu'elle-même trouve
admirable, car « elle avait une bonne plume et

---

si rapidement sur pied par un onguent dont on le frotta par
tout le corps, qu'il s'en alla jouer à la fossette quelques heures
après l'accident. (Acte I, Sc. V).

bien éveillée ce jour-là. » On donnait habituelle-
ment à Bourdelot le titre d'abbé, parce qu'il avait
obtenu du pape Urbain VIII, le privilège singulier
de posséder des bénéfices tout en exerçant la médecine, pourvu qu'il l'exerçât gratuitement ; et, il
paraît, qu'il observa religieusement cette condition.

Mad. de Sévigné ne nous donne aucun renseignement particulier sur le quatrième (Vesou), et
ne nous parle que de la barbe (1) du cinquième
(Brayer) qui, dès qu'elle se montrait, semblait inti-
mider celle de ses confrères ; mais elle se rattrape
amplement sur le sixième, sorte de météore qui,
après avoir brillé pendant quelques mois, dans un
certain milieu, en France, alla s'éteindre en Italie,
son pays d'origine. *Amonio* — car c'était son

---

(1) Porter la barbe était alors de rigueur pour un médecin.
Nous trouvons de fréquentes allusions à cet usage dans les
écrits du temps. Quand il est question pour Argan de se
faire médecin, Toinette lui dit : « Tenez, Monsieur, quand
il n'y aurait que votre barbe, c'est déjà beaucoup, et la barbe
fait plus de la moitié d'un médecin ». Il existe même une thèse
sur cette grave question : *An medico barba* ?

Quant à Brayer, ce cinquième médecin, il était fort bien
en cour, et avait, paraît-il, 30.000 écus de rente. Plusieurs
critiques voient en lui l'original de Bahis, l'un des quatre
médecins que Molière met en scène dans l'*Amour Médecin*.
(Maurice RAYNAUD, *Les Médecins au temps de Molière*, pp.
79-80, 140, Paris, 1863).

nom — « était un homme de vingt-huit ans, dont
le visage était le plus beau et le plus charmant
qu'on ait jamais vu ; il avait les yeux comme Mad.
de Mazarin, et les dents parfaites ; le reste du
visage comme on imagine Rinaldo (1) ; de grandes
boucles noires qui lui faisaient la tête la plus
agréable du monde. » M. de Brissac l'avait amené
d'Italie en France, et l'avait mis, pour le reposer,
dans le beau milieu de l'abbaye de Chelles, où,
paraît-il, plusieurs bonnes sœurs le trouvaient à
leur gré, et lui disaient leurs maux ; mais on
assurait qu'il n'en guérissait pas une que selon les
règles d'Hippocrate.

Nous savons que Mad. de Sévigné n'était indifférente ni à la jeunesse, ni à la beauté, ni à la
grâce, ni à l'esprit, ni au talent ; or, Amonio possédait tout cela, et c'est pourquoi, sans doute, elle
faisait souvent venir ce « joli médecin » auprès
d'elle pour la « consoler » et la guérir : il lui contait
mille choses divertissantes, et, ce qui l'enchantait,
il ne lui parlait que dans la langue du Tasse : « Je
ne lui dis jamais un mot d'italien, mais aussi, il ne
m'en dit pas un de français : voilà ce que nous
aimons. » Et puis, — et la chose a son importance, — Amonio, malgré sa jeunesse, « en savait

---

(1) Personnage de la *Jérusalem Délivrée* du Tasse.

autant que les autres médecins », et lui inspirait une confiance entière.

Malheureusement, elle ne put pas profiter long-temps de ses avis, car les choses ne tardèrent pas à se gâter à l'abbaye de Chelles. A la date du 16 septembre, elle écrit : « Il y a bien des intrigues à Chelles pour lui : je crois qu'il n'y fera pas vieux os, tout est révolté. L'abbesse le soutient, les jeunes le haïssent, les vieilles l'approuvent, les confesseurs sont envieux, le visiteur le condamne sur sa physionomie : il y a des folies à dire sur tout cela. » Et le 30 du même mois, elle annonce qu'il a dû quitter l'abbaye, au grand mécontente-ment de l'abbesse qui, pour se venger de cet affront, a défendu toutes les entrées, fait fermer tous les parloirs, ordonné que tous les jours mai-gres soient observés, que toutes les matines soient chantées sans miséricorde, et que mille petits relâ-chements soient réformés : et quand on se plaint : « Hélas ! je fais observer la règle. — Mais vous n'étiez pas si sévère ? — C'est que j'avais tort, je m'en repens. »

Après avoir mis la réforme à Chelles, sans le vouloir et à son grand dam, puisqu'il en perdit sa place, Amonio resta quelques jours chez M. de Nevers, où « il était habillé comme un prince et bon garçon au dernier point », puis partit pour Rome, appelé par un de ses oncles, qui était maître

de chambre du nouveau pape Odescalchi (Inno-
cent XI). Et Mad. de Sévigné de conclure : « Vous
voyez bien que voilà sa fortune faite, et qu'il n'a
plus besoin de Madame de Chelles, ni de toutes
ses nonnes. » (2 octobre 1676).

Tels furent les médecins qui donnèrent leurs
soins à Mad. de Sévigné pendant l'intervalle qui
sépare ses deux séjours à Vichy. Jamais, à aucune
époque de sa vie, elle ne s'était entourée, ni ne
devait s'entourer, d'un pareil luxe de lumières
médicales. Or, lorsqu'un patient consulte plusieurs
médecins et, à plus forte raison, lorsqu'il en consulte une demi-douzaine, il ne tarde généralement
pas à s'apercevoir de deux choses : la première,
c'est que leurs avis diffèrent, parfois même s'oppo-
sent ; et la seconde, c'est que le nombre des
remèdes s'accroît en proportion directe du nombre
des médecins consultés. Et c'est naturellement ce
qui arriva à Mad. de Sévigné. Dès le 26 août, en
effet, elle constate un profond désaccord dans son
aéropage de docteurs à propos d'un nouveau séjour
à Vichy : Vesou (1) veut qu'elle y retourne immé-

---

(1) Vesou lui avait d'abord défendu de retourner à Vichy
en automne (lettre du 12 août). Mais il se ravisa et quinze
jours plus tard (lettre du 26 août), il lui conseilla de partir
sans délai, comme le voulait d'Hacqueville.

diatement, parce qu'en Septembre, ce serait trop tard ; tandis que Charles de l'Orme lui conseille de bien s'en garder, et que Bourdelot lui assure qu'elle en mourrait (1). Ne pouvant suivre, en même temps, deux avis aussi opposés, elle prend le sage parti de les considérer comme nuls et non avenus, et de se moquer de ceux qui les lui ont donnés : « J'aime à les consulter », déclare-t-elle, « pour me moquer d'eux ; peut-on rien voir de plus plaisant que cette diversité ? Ils m'ôtent mon libre arbitre à force de me laisser dans l'indiffé-rence. » (2)

---

(1) Ces différences d'avis entre médecins étaient alors fré-quentes, et Molière les a fort agréablement mises en scène, D'autre part, voici ce que dit Guy Patin, dans ses *Lettres* au sujet de la dernière maladie du cardinal Mazarin : « Hier à deux heures, dans le bois de Vincennes, quatre de ses mé-decins, savoir Guénaut, Valot, Brayer et Béda des Fougerais, alterquaient ensemble et ne s'accordaient pas de l'espèce de la maladie dont le malade souffrait : Brayer dit que la rate est gâtée ; Guénaut dit que c'est le foie ; Valot dit que c'est le poumon, et qu'il y a de l'eau dans la poitrine ; des Fougerais dit que c'est un abscès du mésentère... Ne voilà pas d'habiles gens !... Voilà où sont réduits la plupart des princes. » Ici, de même que dans Mad. de Sévigné, la réalité vaut la comédie. (Voir M. RAYNAUD, ov. cit. pp. 136-137).

(2) Au reste, elle ne devait pas regretter cette « indifférence. » Voici, en effet, ce qu'elle écrit le 9 octobre : « L'abbé Bayard me mande que j'ai très bien fait de ne point aller cet automne,

Il en va tout autrement des remèdes qu'ils lui prescrivent, car ici, l'un n'empêche pas l'autre. Aussi, les fait-elle tous, quelque nombreux et variés qu'ils soient (1). Elle se sert de la poudre (2) du vieux de l'Orme concurremment avec celle de Villebrune ; elle prend les pilules de Vesou, mais ne dédaigne pas celles d'Amonio qu'elle avale dans un bouillon de bétoine ; elle se purge avec des melons et de la glace pour obéir à l'abbé Bourdelot, « bien que tout le monde vienne lui dire que cela la tuera » (3) ; elle fait usage d'une certaine pommade, ainsi que de l'eau de la reine de Hon-

---

à Vichy ; que les pluies continuelles ont rendu les eaux très mauvaises ; que Saint-Hérem et Plancy qui y étaient allés exprès, n'en ont point pris ; qu'il n'y avait que M. de Champlâtreux, qui n'était pas content ; enfin, sa lettre m'a fait un plaisir admirable. »

(1) « Je m'en vais faire tous les remèdes que je vous ai dits afin de prévenir l'hiver. » (2 sept.).

(2) Cette poudre « était composée avec de l'antimoine », et bien qu'elle fût un remède assez violent, elle réussissait parfaitement à Mad. de Sévigné : « Ce grand remède, qui fait peur à tout le monde, est une bagatelle pour moi ; il me fait des merveilles. »

« Il est un peu violent, mais aussi on joue à quitte ou double. » (Voir les lettres du 3 fév., du 2 et du 16 sept. 1676, et celle du 14 juillet 1677).

(3) Lettre de date incertaine.

grie ; et, pour corser le tout, met ses mains « dans le marc de la vendange », les « plonge dans de la moelle de cerf » et même « dans une gorge de bœuf. » Ce sont là de bien « vilains remèdes », et qui nous rappellent étrangement celui que propose le Renard au Lion de la fable :

D'un loup écorché vif, appliquez-vous la peau
Toute chaude et toute fumante (1).

Malgré la répugnance que lui inspirent certains de ces remèdes, Mad. de Sévigné les fait avec une docilité et une conscience qui l'étonnent elle-même, et lui font songer au *Malade Imaginaire* :

-----

(1) En 1647, pendant le siège de Lérida, Bussy-Rabutin, cousin de Mad. de Sévigné, fit usage d'un remède à peu près pareil : « Si-tost que je fus à cheval, je poussay à toute bride et mon cheval s'estant abattu sur des caillous ronds, j'allay tomber à quatre pas de luy : je perdis d'abord connoissance et l'on m'emporta chez Marchin, où l'on me fit saigner et *mettre tout nud, dans une peau de mouton qu'on écorcha sur l'heure*. Je me trouvay encore l'épaule droite démise ; cependant, je montay à cheval au bout de quatre jours. » (De BUSSY RABUTIN, *Mémoires*, tome I, p. 228).

On faisait à cette époque de bien « vilains remèdes. » Mad. de Sévigné nous raconte que Mad. de la Fayette prenait des *bouillons de vipère* qui lui redonnaient une âme et lui donnaient des forces à vue d'œil. « On prend cette vipère, on lui coupe la tête, la queue, on l'ouvre, on l'écorche, et toujours elle remue ; une heure, deux heures, on la voit toujours remuer. » (Lettre du 20 octobre 1679).

« Argan », nous dit-elle « comptait tout : c'était seize gouttes de vin dans treize cuillerées d'eau ; s'il y en eût eu quatorze, tout eût été perdu. Il prend une pilule ; on lui a dit de se promener dans sa chambre ; mais il est en peine, et demeure tout court, parce qu'il a oublié si c'est en long ou en large. »

Or, bien que le bonhomme Argan la fasse fort rire par son ridicule, elle ne peut s'empêcher de l'imiter jusqu'à un certain point, car, tout comme lui, elle fait « tout ce qu'on veut, et se promène en long et en large avec une obéissance merveilleuse. » (1)

Aux remèdes que lui prescrivaient ses médecins, il convient d'ajouter les *précautions* qu'ils lui conseillaient de prendre, et dont la principale consistait à éviter *le serein*. Il lui fallut rentrer chez elle avant la tombée de la nuit, dire adieu « au souverain plaisir » qu'elle prenait à se pro-

---

(1) Elle n'a pas beaucoup de foi en l'efficacité de ces remèdes, mais elle les fait quand même, par acquit de conscience, et aussi pour contenter sa fille : « Je vais faire quelques petits remèdes à mes mains, purement pour l'amour de vous, car je n'ai pas beaucoup de foi, étant très persuadée que l'heure de ma mort ne se peut ni avancer, ni reculer ; mais je suis les conduites ordinaires de la bonne prudence humaine.» (7 oct. 1676).

mener sous le ciel étoilé, et résister, malgré « les tentations étranges » qui venaient parfois l'assaillir, « à la beauté » de cet astre à la face changeante, que nos romantiques ont qualifié un peu pompeusement de reine des nuits, et qu'elle appelle tout simplement *ma vieille amie* (1).

Et elle fit tout cela avec « une obéissance admirable », tant était grande la peur qu'elle avait de retomber dans son rhumatisme, ou même de se voir gronder par sa fille (2).

En somme, pendant les trois ou quatre derniers mois de l'année 1676, Mad. de Sévigné se conduisit, ainsi qu'elle le déclare elle-même, « très sagement », et « se laissa guider avec une docilité qu'elle n'avait pas avant que d'avoir été malade. » Comme la maladie vous change un caractère !

Mais il est un dernier remède dont il faut maintenant que je vous parle, remède qu'elle considérait comme infaillible, et qui, le 23 décembre, lui arriva, enfin, de Provence, en la personne de sa fille, la comtesse de Grignan.

Oh ! l'étrange illusion de toute affection forte, et surtout de l'amour maternel ! Qui de nous n'a

____

(1) Voir les lettres du 26 août et du 9 oct. 1676.

(2) « Si vous saviez que je commets des imprudences », lui écrit-elle, « quelle vie vous me feriez ! »

entendu une mère malade s'écrier, en parlant d'un fils absent et tendrement aimé : il me semble que je serais guérie si je le revoyais ? De même, Mad. de Sévigné déclare, à plusieurs reprises, que le voyage de sa fille à Paris sera le véritable remède qui rendra sa santé parfaite. Et cela nous touche parce que cela est profondément humain. Ce remède, le vrai, le bon, le dernier, du moins à ce qu'elle s'imaginait, elle aurait pu l'avoir, si elle l'avait voulu, trois mois plus tôt. Dès le mois de Juillet, en effet, sa fille n'attend qu'un signe d'elle pour accourir à Paris. Or, ce signe, Mad. de Sévigné ne le fit pas. Pourquoi ? Nous touchons là le fond même de la nature de Mad. de Sévigné, nature sensible à l'excès, mais raisonnable au suprême degré. Certes, elle aurait éprouvé une joie extrême à revoir sa fille ; mais devait-elle lui demander de « venir par la chaleur et la diligence », alors qu'elle regardait un pareil voyage comme « une chose terrible qui pourrait la faire mourir ? » Un conflit angoissant se produisit alors dans l'âme de Mad. de Sévigné entre le devoir et la passion, et de même que dans les tragédies de Corneille, ce fut le devoir qui l'emporta : « Cette raison que vous me donnez pour gouvernante », écrit-elle, « vous conseille de laisser revenir de l'eau dans la rivière, » et de n'entreprendre votre voyage qu'en Septembre.

Mad. de Grignan suivit naturellement le conseil

de sa mère ; mais lorsque le mois de Septembre arriva, elle se trouva dans l'impossibilité de partir, et ce ne fut qu'en Décembre qu'elle put accomplir le voyage tant désiré.

Voilà donc la mère et la fille enfin réunies. Pas n'est besoin que j'insiste sur la joie qu'elles eurent de se revoir. Pendant les premiers jours, elles furent aux anges, mais pendant les premiers jours seulement, car les choses ne tardèrent pas à se gâter, et voici comment :

Mad. de Grignan arriva à Paris avec une santé chancelante ; « sa maigreur, la faiblesse de sa voix, son visage fondu, sa belle gorge méconnaissable », faisaient pitié et inspiraient à Mad. de Sévigné des craintes sérieuses. Or, au lieu de maîtriser ses craintes, ou tout au moins de les cacher à sa fille, dont l'état de santé demandait les plus grands ménagements, elle eut le tort de leur donner libre cours, et de laisser, contrairement à son habitude, sa sensibilité l'emporter un peu trop sur sa raison. Lorsqu'elle voyait Mad. de Grignan « usée, consumée, dépérie, échauffée, épuisée, desséchée », elle ne savait que se lamenter et répandre des larmes ; elle essayait bien, parfois, sur le conseil de ses amis, qui lui représentaient tout ce qu'une pareille conduite avait de déraisonnable, de réagir un peu, d'étouffer ses sentiments, de se donner une apparence de calme, mais c'était pour elle un effort tellement pénible, qu'elle ne pouvait le soutenir longtemps : « Je n'ai jamais vu », dit-elle, « une sorte de martyre plus cruel et plus nouveau. » De son côté, Mad. de Grignan se contraignait sans cesse, afin de ne pas paraître languissante devant sa mère, et d'éviter ces recommandations, ces importunités qui l'agaçaient par leur répétition même, et surtout ces flots de larmes qui lui faisaient tant de mal. Ainsi, toutes les deux « écrasaient leurs sentiments. » Leurs cœurs n'avaient pas « la liberté qu'ils voulaient avoir et sans laquelle il n'est pas possible de vivre en repos. » Bientôt, la vie en commun ne fut plus tenable pour ces deux êtres si profondément épris l'un de l'autre. Les heurts devenaient de plus en plus fréquents et douloureux ; par excès de tendresse l'une pour l'autre, elles se faisaient souffrir mutuellement, mais celle qui faisait souffrir l'autre davantage était certainement Mad. de Sévigné. « Vous tuez votre fille », lui disait-on, « c'est vous qui êtes la cause de tous ses maux. » Naturellement, elle se récriait devant un tel reproche : « Eh quoi », disait-elle, « je vois périr ma fille devant mes yeux, et l'on m'impute à crime d'être en peine de sa santé ? » Et quand on lui parlait de séparation, quand on venait lui dire : « Vous verrez comme elle se portera bien loin de vous, et comme vous-même vous serez en repos ; comme vous serez fort bien

toutes les deux », elle bondissait littéralement :
« Oui, fort bien, voilà un régime admirable ; tellement que pour nous bien porter, il faut que nous
soyons à deux cent mille lieues l'une de l'autre ; et
l'on me dit cela d'un air tranquille ; voilà justement
ce qui m'échauffe le sang, et *me fait sauter aux
nues.* »

On trouve rarement, dans les lettres de Mad. de
Sévigné, de pareils accents ; il faut que sa sensibilité soit touchée au vif, comme c'est ici le cas,
pour qu'elle arrive à s'emporter et à crier sa
douleur.

Cependant, une pareille situation ne pouvait
durer sans mettre en danger la santé de Mad. de
Sévigné et surtout celle de Mad. de Grignan. C'est
ce que l'une et l'autre finirent par comprendre, (1)
et elles se séparèrent le 7 ou le 8 juin, après avoir
été réunies pendant près de six mois. « Il faut
des remèdes extraordinaires aux personnes qui
le sont », déclare Mad. de Sévigné ; « les médecins n'eussent jamais imaginé celui-là : Dieu veuille
qu'il continue d'être bon, et que l'air de Grignan
ne vous soit point contraire. »

---

(1) « Etant donnée la manière où nous étions sur la fin, il
fallait faire comme nous avons fait », écrit Mad. de Sévigné
après leur séparation.

Les six mois que Mad. de Grignan passa à Paris furent loin d'être une période de repos pour Mad. de Sévigné. Le fameux remède sur lequel elle comptait tant, n'opéra point, que dis-je ? il ne fit qu'empirer les choses ; et c'est pourquoi, sans doute, Vichy revint sur le tapis. Or, voici le plan que Mad. de Sévigné imagina et caressa pendant quelque temps : partir le jour même où sa fille partirait pour la Provence, faire route avec elle jusqu'en Bourbonnais, la conduire à Vichy dont elle lui ferait les honneurs, et l'y garder pendant toute sa saison. De la sorte, elle « resterait plus longtemps avec elle », et la joie que sa compagnie lui procurerait lui « ferait plus de bien que ne pouvaient lui en faire les eaux. » C'était là un plan ingénieux et parfaitement réalisable, mais qui, pour des raisons que j'ignore, resta à l'état de projet. « La Providence qui décide de tout (1), ne vou-

_____

(1) Cette idée de fatalisme ou de prédestination revient très souvent dans les lettres de Mad. de Sévigné : c'est la Providence qui voulut qu'elle n'allât pas à Vichy au printemps de 1677 et qui voulut qu'elle allât à Bourbon en 1687 ; c'est la Providence qui avait chargé de toute éternité le canon qui tua Turenne ; c'est elle encore qui décréta ou avait décrété la disgrâce de Foucquet et celle du marquis de Pompone, etc. C'est la Providence, en un mot, qui décide de tout, c'est Dieu qui conduit tout ici-bas. « Il me faut l'Auteur de l'Univers », dit-elle, « pour raison de tout ce qui arrive. »

lut pas de ce voyage au printemps », et Mad. de Sévigné, « si fort accoutumée à se voir confondre sur la plus grande partie de ses désirs », accepta ce fâcheux contre-temps avec sa résignation ordinaire : « Dieu ne veut pas que je sois avec vous ; il ne faut songer qu'à se soumettre à ce qu'il ordonne. (1) Mais Vichy, sans Mad. de Grignan, perdait pour elle une partie de son charme ; c'est pourquoi, après le départ de cette dernière, elle ne se montre nullement pressée d'y retourner : c'est un voyage, dit-elle, qui peut fort bien se retarder.

Elle pense même, qu'à la rigueur, elle pourrait fort bien se dispenser de le faire, car ses mains peuvent parfaitement finir de guérir sans le secours

---

(1) Bien que ce ne soit pas « sans murmurer ni sans souffrir », comme c'est le cas pour les « parfaits », Mad. de Sévigné accepte ses maux, ses chagrins, ses ennuis « comme étant dans l'ordre de la Providence. » L'idée seule qu'ils étaient inévitables et qu'elle ne peut « s'en prendre à personne », les lui rend moins lourds à supporter. « Et le moyen de vivre sans cette divine doctrine ? » s'écrie-t-elle ; « il faudrait se pendre vingt fois le jour. » Puis — et c'est là surtout qu'apparaît son optimisme — elle espère qu'à l'avenir, « la Providence disposera les choses d'une autre manière. »

Prédestination ou fatalisme, résignation, optimisme, sont trois idées découlant logiquement l'une de l'autre, et que Mad. de Sévigné exprime avec une vigueur et une netteté remarquables dans un grand nombre de ses lettres.

des eaux de Vichy, si elle en croit ce qu'elle voit autour d'elle : « Mad. de Marbeuf les a eues deux ans comme je les ai, et puis, elles se sont guéries. »

Elle en arrive même à douter de l'efficacité des eaux de Vichy : lui feront-elles du bien, ou non ? elle ne saurait le dire ; mais comme elle est « assurée qu'elles ne lui feront point de mal », le parti le plus sage est encore d'y retourner, d'autant plus que sa fille est d'avis qu'une nouvelle saison lui est absolument nécessaire. (1) C'est donc par «pure précaution », et pour obéir (2) à Mad. de Grignan qu'elle songe à se rendre de nouveau à Vichy. Mais elle se garde bien d'affirmer qu'elle s'y rendra, car elle se rappelle l'échec de son dernier projet ; elle

---

(1) « Plût à Dieu que vous me dispensassiez de retourner à Vichy ! mais je ne trouve pas que vous le veuilliez : la *précaution* vous paraît une *nécessité* ; et comme on ne voit pas bien si elle est inutile ou non, je ne dérangerai rien à vos résolutions. » (28 juil. 1677). Voir aussi let. du 30 juillet.

(2) Mad. de Grignan, en effet, insistait dans ses lettres pour qu'elle retournât à Vichy. Elle lui conseille même d'aller au « *Mont d'Or* » ; mais Mad. de Sévigné trouva que le remède serait trop énergique et ne ferait que gâter sa santé : « Vos instructions du Mont d'Or sont un *peu extrêmes* : à moins que d'être paralytique, on ne hasarde pas un bain de cette horrible chaleur ; et pour guérir des mains qui ne sont de nulle conséquence, on gâterait toute une santé, et une machine qui se porte parfaitement bien. » (23 juin 1677).

sait, par expérience, que si l'homme propose, c'est
Dieu qui dispose ; et c'est pourquoi « elle ne parle
de l'avenir qu'en tâtonnant », et semble se com-
plaire dans le style des Pyrrhoniens : « Leur incertitude », dit-elle, « me paraît bien prudente : elle
empêche au moins, qu'on ne se moque d'eux :
Allez-vous à Vichy ? — Peut-être ? — Prenez-vous
la maison de la Place Royale pour un an ? — Je
n'en sais rien. — Voilà comme il faut parler. »

A tous hasards, elle fixe le jour de son départ :
elle partira dans deux mois, ou plus exactement, le
16 août ; et comme elle est une femme ordonnée,
méthodique, qui ne laisse rien aller à l'aventure,
elle trace minutieusement son itinéraire : elle s'en
ira par la Bourgogne, logera à Epoisse, et en partira
pour reprendre le chemin de Vichy, où elle arrivera
le 1er septembre. Son fils, « ne pouvant se dispenser
d'aller à l'armée », ne l'accompagnera pas, ainsi
qu'elle l'avait tout d'abord espéré. Mais il sera
remplacé par le Bien Bon, qui s'est décidé à aller
prendre les eaux avec elle. Elle voyagera en carrosse, et non en diligence, à cause des cahots qui
rendent ce dernier mode de locomotion très désagréable, « vous culbutent à chaque instant et vous
font perdre le fil de votre rêverie. » De la sorte, il
est vrai, elle ira moins vite, mais qu'importe, elle
pourra rêver tout à loisir, causer paisiblement avec
son compagnon de voyage sur les sujets qui l'inté-

ressent, ou lire les quelques volumes qu'elle a décidé d'emporter, ce qui lui donnera l'occasion, en cours de route, de nous parler littérature, et de nous faire connaître quelques-unes de ses préférences.

Enfin, le 16 août arrive, ce jour que Mad. de Sévigné « avait suivi depuis deux mois », et elle est toute heureuse et un peu surprise, de constater que la Providence n'est pas venue — selon son habitude — déranger ses projets : « Je n'eusse jamais cru », dit-elle, « qu'un jour visé de si loin put être tiré si juste. »

Au moment où elle quitte Paris, son état de santé est à ce point satisfaisant, qu'elle déclare que, sans sa fille, elle ne penserait pas à faire le voyage de Vichy.

Son état d'esprit, à part quelques soucis que lui cause la recherche d'un nouveau logement, est aussi bon que possible. Le Bien Bon, dont elle ne se serait pas séparée sans beaucoup de tristesse, a la bonté de l'accompagner dans son voyage, et prendra d'elle — selon son habitude — « des soins incroyables » ; son fils, récemment nommé sous-lieutenant des Gendarmes Dauphin, « charge jolie, et très jolie pour un homme de son âge » (1), « res-

---

(1) Bussy, lettre du 20 août 1677. D'autre part, Mad. de Sévigné, dans sa lettre du 19 mai 1677, nous dit : « Cette charge

semble comme deux gouttes d'eau à un petit homme qui se porte parfaitement bien. » Il vient, il est vrai, de la quitter pour rejoindre son nouveau poste dans l'armée des Flandres, chargée de livrer bataille au Prince d'Orange, et elle s'attriste naturellement à la pensée des dangers qu'il va courir ;(1) mais déjà circule la nouvelle — nouvelle qui lui sera confirmée le jour même de son départ, à Melun — que la bataille n'aura pas lieu. Enfin, sa fille, vers laquelle volent constamment toutes ses pensées, lui écrit qu'elle a trouvé le repos en Provence, et que sa santé est rétablie. (2) La joie que lui causent de pareilles nouvelles lui fait naturellement oublier les sujets de mécontentement que lui avait

---

nous revient à 40.000 écus ; elle vaut l'intérêt de l'argent... La paix rendra cette charge encore plus belle que la guerre. »

(1) « Je ne me sens pas fort gaie, comme vous pouvez penser, mais qu'importe ? » (13 août).

« Je pars demain à la pointe du jour avec le bon abbé ; nous ne sommes pas bien réjouis. » (15 août).

(2) « Je suis ravie de penser au miracle que Dieu a fait en vous guérissant par ce pénible voyage... Je suis assurée de votre santé ;... dites-le moi cependant encore ; écrivez-le moi en vers et en prose ; répétez-le moi pour la trentième fois ; que tous les échos me redisent cette charmante nouvelle... » (28 juillet).

« Il me semble que vous êtes gaie ; votre gaieté marque de la santé : voilà comme je tire ma conséquence. » (4 août).

donnés Mad. de Grignan pendant son récent séjour à Paris.

C'est donc avec une Mad. de Sévigné relativement bien portante, et à l'humeur particulièrement joyeuse, que nous allons nous rendre à Vichy.

La première étape la conduisit à Melun, où elle apprit la fameuse nouvelle qui devait la tranquilliser complètement au sujet de son fils. Le Prince d'Orange, en effet, en voyant approcher l'armée des Flandres, s'était empressé de lever le siège de Charleroi, et de s'enfuir vers Maestricht. Le combat qu'elle craignait était évité, et son fils ne courait plus aucun danger ; aussi put-elle « continuer son voyage tranquillement... sans avoir à digérer les inquiétudes de la guerre. » « Nos bons ennemis » ajoute-t-elle, « ne songent qu'à ne point troubler ma tranquillité et... à rendre mes eaux salutaires ;... aussi, je les aime tendrement. »

L'esprit soulagé, « elle reprend son voyage où elle marche sur les pas de sa fille », car Mad. de Grignan avait suivi le même chemin deux mois auparavant ; « elle demande partout de ses nouvelles, et on lui en dit partout », à Villeneuve-Saint-Georges, à Villeneuve-le-Roi, à Joigny, à Auxerre ; « le Bien Bon la conduit » à merveille, et a pour elle « des complaisances, des douceurs, des bontés, des facilités » qu'on ne saurait dire ; elle lit une histoire divertissante sur les empereurs d'Orient, et se félicite, en voyant passer la diligence, de pouvoir voyager en carrosse où nul cahot ne vient la culbuter et lui faire perdre le fil de sa lecture ; ses lettres reprennent le ton de la conversation animée : « Demandez à ceux qui sont auprès de vous. Monsieur le Comte, répondez ; Monsieur de la Garde, Monsieur l'Abbé, n'est-il pas vrai que personne n'écrit comme ma fille ? » Sa gaieté est visiblement revenue ; aucun nuage ne l'assombrit ; tout autour d'elle prend la teinte de son esprit ; elle voit la vie en rose et les choses en beau, et arrive à Joigny « par le plus beau temps, le plus beau pays et le plus beau chemin du monde », tout en « se flattant » que sa fille, dont la santé l'inquiète si souvent, ressemble à la princesse Cléopâtre et non plus à la princesse Olympie (1), c'est-à-dire a recouvré ses forces et sa beauté.

Le lendemain, 19 août, nous la trouvons à Auxerre où, contrairement à son habitude, et afin « de suivre une vieille routine », elle descendit dans un hôtel qui n'était pas celui où Mad. de Grignan était descendue. Cette sorte d'infidélité envers sa fille ne lui réussit guère, car elle se trouva fort mal

------

(1) Ce sont deux des héroïnes du roman de *Cléopâtre* de la Calprenède. Olympie a les yeux abattus et languissants ; Cléopâtre est d'une très grande beauté.

logée et mal servie, ce dont « elle fut au désespoir. »

L'étape suivante devait la conduire à Epoisse, où Guitaut l'attendait « avec une très bonne amitié. » Or, c'était une étape qui ne se faisait généralement pas en un jour, car elle avait quatorze lieues bien comptées. La prudence commandait donc qu'on la coupât en deux ; mais le Bien Bon ne l'entendit pas de cette oreille : il voulut la faire d'une seule traite, et son avis prévalut naturellement.

Afin d'être rendus à Epoisse vers la fin du jour, on se leva à trois heures du matin, et l'on se mit en route presque aussitôt ; mais les chemins étaient si mauvais, qu'à la tombée de la nuit, on se trouvait encore à deux heures d'Epoisse. Pour comble de malheur, la nuit devint bientôt tellement noire, qu'on ne voyait ni ciel, ni terre ; et comme on avait négligé d'apporter la moindre lumière, pas même « une petite bougie dans un petit bougeoir », pensant qu'on arriverait à Epoisse avant la fin du jour, l'on faillit verser mille fois dans des ravines. « La bonne tête de l'abbé », toutefois, n'eut à déplorer aucun accident ; et Mad. de Sévigné, en racontant l'aventure à sa fille, est toute fière de pouvoir lui dire qu'elle n'avait pas eu la moindre peur.

Lorsque nos voyageurs arrivèrent au château d'Epoisse, le maître du logis ne les attendait déjà

plus, et allait se mettre au lit, opération qu'il retarda bien volontiers dans sa joie de les accueillir.
La joie qu'éprouva Mad. de Sévigné ne fut pas
moins grande que celle de son hôte, car le comte
de Guitaut « était un des hommes du monde qui lui
convenait le plus. » Par son esprit de sacrifice, sa
haute conscience, son sens de l'honneur, et aussi
par l'amitié et la confiance qu'il ne cessait de lui
témoigner, il « avait su l'acquérir pour jamais. »
« Je vous suis attachée », lui écrit-elle, « par tant
de sortes de raisons, que je ne pourrais pas secouer
votre joug sans beaucoup de félonie. »

Il existait donc entre le comte et la marquise
une de ces « liaisons particulières », faite de confiance, d'estime et de dévouement réciproques.

Au reste, « rien n'était plus aisé que d'aimer le
comte de Guitaut. » Bien qu'il commençât alors
à s'occuper de son salut, et à glisser insensiblement
dans la dévotion, il avait conservé « bien du jeune
homme en lui », et ne laissait pas d'être de fort
bonne compagnie. « Il avait bon air, bon esprit »,
était d'humeur joyeuse, se montrait parfois, aussi
« éveillé qu'une potée de souris », et pratiquait la
plus aimable des philosophies, celle qui consiste à
prendre les choses du bon côté, à se résigner devant
l'inévitable, à voir le monde en beau, et à croire
que la vie vaut vraiment la peine d'être vécue.
Ajoutez qu'il était un causeur extrêmement

agréable, un de ces causeurs qui s'emparent sans effort de votre attention, et la retiennent captive, aussi longtemps qu'il leur plaît. Mad. de Sévigné eut avec lui des « conversations infinies », et elle avoue humblement — bien qu'elle ne faisait pas trop mal, elle aussi, lorsqu'on la mettait à causer, — que son rôle consista surtout à savoir bien écouter. (1)

On parla de tout (2) fort agréablement, dans ces conversations intimes ; mais de même que tous les chemins conduisent à Rome, tous leurs sujets de conversation aboutissaient à Mad. de Grignan : « Nous dévidons beaucoup de chapitres, et de tous les pays nous revenons à vous :

« C'est un penchant si doux qu'on y tombe sans peine. »

Et elle se sentait d'autant plus heureuse de s'abandonner à ce penchant, qu'elle savait que Guitaut s'y livrait lui-même avec un réel plaisir.

Mad. de Sévigné passa dix jours au château d'Epoisse ; elle se plaisait dans cette grande maison qu'elle trouvait d'une beauté surprenante ;

______

(1) « Nous avons causé à l'infini, le maître du logis et moi, c'est-à-dire j'ai eu le mérite de savoir bien écouter. »

Trois ans auparavant, le 16 nov. 1674, elle avait exprimé la même idée : « Je vous suis bien plus obligée de tout ce que vous me disiez que vous ne me l'êtes de *mon attention.* »

(2) « Je ne sais quelles choses nous ne battons point. »

elle aimait la grande liberté qui y régnait, et qui lui permettait de disposer de son temps au gré de sa fantaisie, sans crainte de gêner le maître du logis ; elle s'y promenait, y travaillait, et surtout y lisait une traduction de *Don Quichotte* qui la charmait par son vieux langage.

Entre temps, elle se rendit dans son vieux château de Bourbilly, situé à deux lieues seulement d'Epoisse ; et bien que tout n'allât pas à sa guise dans cette vieille et rustique demeure de ses pères, (1) ce qui l'obligea à gronder un peu, elle ne s'en inquiéta pas outre mesure, (2) car elle se trouvait alors — et peut-être un peu grâce à l'influence du bel optimisme de Guitaut — dans cette heureuse disposition d'esprit qui nous porte à considérer, comme autant de quantités négligeables, ces petits ennuis et ces menus tracas, dont la vie de chacun de nous est tissée, et auxquels nous sommes trop souvent portés à attribuer une importance exagérée.

---

(1) Les paysans refusaient de payer le droit d'indire ; on avait vendu son blé trois jours avant qu'il fût enchéri, et cette précipitation lui avait coûté plus de vingt pistoles ; les frais des réparations qu'elle avait fait faire s'élevaient à 8.000 fr., somme qu'elle trouvait fort exagérée, etc., etc.

(2) « Je ne m'en soucie pas du tout », déclare-t-elle ; « quand il n'y a point de ma faute, ni de remède, je me console aussitôt. »

Elle aurait volontiers prolongé son séjour à Epoisse, mais il lui fallait poursuivre son voyage. Oh ! ce voyage de Vichy ! il lui était maintenant « entièrement despotique », d'autant plus qu'elle se sentait « en parfaite santé » ; et je crois qu'elle l'aurait abandonné si elle n'avait pas craint de déplaire à sa fille : « Si ce n'était que vous croyez que ces eaux me sont salutaires », lui écrit-elle, « et que votre amitié vous fait voir dans l'avenir ce que ma santé présente m'empêche d'y voir, *je vous assure que je n'irais point du tout* ; mais je fais ce voyage agréablement dans la pensée de rassurer votre imagination pour jamais. »

Enfin, elle quitta Epoisse le 29 août, mais ne quitta pas encore le maître de ce beau château, car Guitaut avait tenu à honneur de faire la première étape avec elle, et de la conduire jusqu'à Saulieu.

Le voyage s'effectua par des « chemins étranges », où l'on eut à essuyer quantité d'horribles cahots, qui jetaient Mad. de Sévigné dans des frayeurs mortelles. Heureusement qu'elle avait un cocher admirable qui, malgré ces cahots et les cris qu'elle poussait, continua hardiment sa route et la déposa saine et sauve à Saulieu. Au cours de cette étape mouvementée, et peu agréable en somme, Mad. de Sévigné fit une rencontre qui ne laissa pas de l'amuser par son imprévu et son pittoresque. Devant elle, sur la route raboteuse

qu'elle suivait, elle aperçut soudain, venant en sens
inverse, un équipage qui ressemblait à une compagnie de bohémiens. L'équipage approche ; on
« attaque la première litière » et Mad. de Sévigné
y reconnaît le bon marquis de Vallavoire, lieute-
nant-général des armées du Roi, et qui, huit ans
auparavant, avait assisté à la signature du con-
trat de Mad. de Grignan, de la part du comte. Tout
le monde descend aussitôt ; le vieux marquis, toujours courtois et affectueux, embrasse Mad. de
Sévigné, et, ce faisant, « pensa l'avaler, car il avait
quelque chose de grand dans le visage. » Là-dessus
arrive la marquise de Vallavoire que Mad. de
Sévigné appréciait fort, parce qu'elle était « raisonnable et naturelle », et aussi parce qu'elle sé-
journait souvent en Provence et y voyait Mad. de
Grignan, dont elle ne pouvait s'empêcher de louer
« la beauté, la civilité et l'esprit. » Or, il se trouvait
qu'elle l'avait vue et avait causé avec elle quelques
jours auparavant, de sorte qu'elle put en donner
des nouvelles toutes fraîches à sa mère : « Elle m'a
parlé de vous et de votre santé, d'une manière
à me persuader : vous n'êtes point grasse, mais
vous avez un beau teint, vous êtes blanche, vous
êtes tranquille : tout ce qu'elle m'a dit, m'a paru
naturel et m'a fort plu. » (1) Rien ne pouvait, en

---

(1) Mad. de Valavoire lui cachait l'exacte vérité. Mad. de

effet, être plus agréable à Mad. de Sévigné, que ces bonnes nouvelles qu'on lui donnait de la santé de sa fille.

Nous ne serons donc pas surpris de la trouver à Saulieu d'une gaieté débordante. C'était le dimanche au soir, 29 août. On commanda un excellent souper, et on y fit honneur. On y but surtout, plus qu'à l'ordinaire, tout en causant de Mad. de Grignan dont les oreilles durent lui corner, car on en dit de toutes les façons. Puis, sur le tard, Mad. de Sévigné et Guitaut s'avisèrent de lui écrire une longue lettre qui reflète à merveille les sentiments dont leurs cœurs étaient pleins et dont voici les passages essentiels:

De Mad. de Sévigné... Mons. le Comte de Guitaut m'a aussi bien reçue chez lui que si j'étais Mad. de Grignan ; je ne puis rien ajouter à cette louange, n'est-il pas vrai, Monsieur le comte ? Répondez.

Du comte de Guitaut... Je n'ai pu me résoudre à

Grignan, en effet, était malade depuis le 15 août : elle se plaignait d'un mal de jambe, d'une humeur sur la poitrine, avait des crachements de sang, avait été saignée et était menacée d'une esquinancie. Mad. de Sévigné n'apprit la maladie de sa fille que lorsque celle-ci était « toute guérie... entièrement tirée d'affaire », et ces bonnes nouvelles lui « ôtèrent toute l'inquiétude qu'elle aurait pu avoir » pendant son séjour à Vichy. Voir les lettres du 6, du 13 et du 16 septembre.

me séparer de Mad. de Sévigné à Epoisse, et la suis
venu accompagner jusqu'au premier gîte. Enfin,
encore une fois, nous nous quittons à regret ; mais
nous nous reverrons... Tenez-vous toujours le cœur
joyeux, et ne songez à rien qui vous chagrine ; cher-
chez tout ce qui vous pourra plaire et ne vous
imaginez pas qu'il y ait rien dans la vie qui ne se
puisse faire ; le monde est joli, et on trouve toujours quand on cherche...

De Mad. de Sévigné... Il est très sage cet homme-
ci ; cependant je lui disais tantôt, le voyant
éveillé comme une potée de souris : « Mon pauvre
Monsieur, il est encore bien matin pour se coucher,
vous êtes encore bien vert, mon ami, il y a bien du
vieil homme, c'est-à-dire du jeune homme, en
vous. » Je m'en vais tout vous dire. Il ne faisait
l'autre jour qu'une légère collation, car il voudrait
faire pénitence, et il en a besoin ; il m'échappa de
l'appeler Monsieur de Grignan (ce nom se trouve
naturellement au bout de ma langue) ; il s'écria,
d'un ton qui venait du fond du cœur : « Eh ! plût à
Dieu ! » Je le regardai, et je lui dis : « J'aimerais
autant souper. » Nous nous entendîmes ; nous
rîmes extrêmement : dis-je vrai ? Répondez.

Du comte de Guitaut... Vous ne ferez jamais taire
Mad. votre mère... Je finis par là en vous assurant
pourtant qu'à l'heure qu'il est, votre bonne
maman est entre deux vins. Adieu, l'eau de Vichy !

je ne crois pas, si elle continue, qu'elle y doive
aller : ce serait de l'argent perdu.

De Mad. de Sévigné. C'est lui qui en a trop pris ;
pour moi, j'en ai pris aussi. Ils sont si longtemps
à table que, par contenance, on boit, et puis, on
boit encore, et on se trouve avec une gaieté extraordinaire : voilà toute l'affaire... Adieu, ma
fille, en voilà assez pour des gens entre deux vins.
Il y a ici un fort bon médecin qui me demande :
« Madame, pourquoi allez-vous à Vichy ? » Ré-
pondez-lui, car pour moi, je n'ai jamais pu. »

Le lendemain de cette « folle soirée », elle partit
pour Chaseu où elle devait passer quelques jours
avec son cousin, le comte Bussy de Rabutin. Encore un personnage qu'il faut que je vous présente ; (1) mais celui-ci en vaut vraiment la peine,
non seulement parce qu'il a tenu une place considérable dans la vie de Mad. de Sévigné, mais aussi
parce qu'il est une des figures les plus curieuses de
l'époque. « C'était un homme comme il n'en arrive
pas un en trois bateaux », selon l'expression de

____

(1) Saint-Simon l'a peint à grands traits dans les lignes
suivantes : « Bussy Rabutin, si connu par son *Histoire amoureuse des Gaules,* et par la profonde disgrâce qu'elle lui attira,
et encore plus par la vanité de son esprit et la bassesse de son
cœur, quoique très brave à la guerre. » (*Mémoires,* tome I,
p. 320).

Mad. de Montglas, sa maîtresse. Mestre de camp (colonel) à seize ans, puis mestre de camp général de la cavalerie légère, très brave, très intelligent, il serait peut-être parvenu aux grands honneurs militaires qu'il ambitionnait dès son jeune âge (1), s'il n'avait eu un penchant très marqué pour la débauche et le libertinage, ce qui lui fit perdre l'estime de Turenne, et surtout, s'il n'avait pas donné libre cours à cet esprit frondeur et éminemment caustique, qui lui valut bien des ennemis, lui aliéna la faveur royale, le fit enfermer à la Bastille, et, finalement, exiler dans ses terres. Une telle disgrâce lui fut infiniment sensible, car la fierté et l'orgueil étaient les deux traits essentiels de sa nature. « Je le cède à Montmorency », disait-il, « pour les honneurs, non pour la naissance », et il prouva son dire en écrivant son *Histoire généalogique*, de même qu'il écrivit ses *Mémoires*, dont le style a, comme lui, une belle allure de mousquetaire, afin d'élever un monument durable à sa vanité. Malgré ces défauts, — et j'en ai passés, car je ne vous ai parlé ni de son égoïsme, ni de sa prodigalité, ni de son amour du jeu, ni de l'indélicatesse

---

(1) « Ma première et ma plus forte inclination fut de devenir honnête homme et de parvenir aux grands honneurs de la guerre. » Début de ses *Mémoires*.

de son âme, — Mad. de Sévigné etait attirée vers lui par ce faible de la parenté qu'elle appelait le *rabutinage*, et aussi par son esprit qu'il avait excessivement brillant, et par lequel elle sentait le sien excité. (1)

Elle l'aimait, non pas avec les plus tendres sentiments de son cœur ; mais un peu *rustaudement*, selon son expression ; et Bussy le lui rendait avec intérêt ; ce qui ne l'avait pas empêché, quelques années auparavant — et cela nous montre bien l'un des vilains côtés de son caractère — de tracer un portrait cruellement satirique de son aimable et vertueuse cousine, et de le placer dans son *Histoire Amoureuse des Gaules* parmi des peintures imitées ou copiées de Pétrone.

Cette méchante action fit passer à Mad. de Sévigné des nuits entières sans dormir. Cependant, à l'époque qui nous occupe, elle lui avait pardonné depuis longtemps, « lui avait redonné avec franchise toute la part qu'il avait jamais eue dans son amitié, et était redevenue entêtée de sa société. » Aussi, n'ayant pu le voir à Epoisse où, ainsi qu'elle le lui avait donné à entendre, elle aurait été heu-

____

(1) Elle disait plaisamment que Bussy était *le fagot de son esprit*.

reuse de le rencontrer, (1) elle modifia légèrement
son itinéraire— « car le sage change selon les occur-
rences » (2) — pour lui faire une visite à Chaseu.

Dans son empressement à revoir sa cousine,
Bussy alla cinq lieues au-devant d'elle en compagnie de Mad. de Coligny, sa fille, et de Toulongeon.

La rencontre eut lieu à Lucenay où l'on dîna.
Lorsqu'il fallut repartir, Mad. de Sévigné fit
mettre tout le monde dans son carrosse, car elle
ne voulait fier sa conduite qu'à un cocher célèbre
qu'elle avait depuis peu. Or, ce cocher fameux,
le même que ni les cahots de la route, ni les cris de

---

(1) « Je pars le 16 août ; je logerai à Epoisse... J'en partirai
pour reprendre le chemin de Vichy... Voilà mes desseins ;
voyez ce que vous pouvez faire de cette marche pour me voir ».
(30 juillet).

Bussy comprit très bien qu'elle lui demandait d'aller la voir
à Epoisse, chez Guitaut. L'intention de Mad. de Sévigné était
de profiter de son séjour à Epoisse pour rapprocher ses deux
amis qui, bien que voisins de campagne et se connaissant de
longue date, ne se voyaient jamais. Mais elle échoua. L e
hautain Bussy, dans cette affaire de rapprochement, ne voulut
jamais consentir à faire le premier pas. Or, c'est ce qu'il aurait
fait, s'il était venu voir sa cousine à Epoisse. Il resta donc à
Chaseu, prétextant le mauvais état de santé de sa fille. Voir
ses lettres du 20 août 1677 ; du 12 févr. ; du 23 août et du
2 sept. 1678.

(2) Bussy, lettre à Mad. de Sévigné, 20 août, 1677.

la marquise n'avaient arrêté la veille, s'arrangea de façon à les verser dans le plus beau chemin du monde. Le bon abbé de Coulanges tomba sur sa nièce, et M. de Toulongeon sur Mad. de Coligny. Mais admirez la fermeté de Mad. de Sévigné, et son bon naturel : dans le moment qu'on versa elle parlait de l'histoire de *Don Quichotte* ; sa chute ne l'étourdit point, et pour montrer qu'elle n'avait pas la tête cassée, elle dit qu'il fallait remettre le chapitre de *Don Quichotte* à une autre fois, et demanda comment se portait l'abbé. Il n'eut pas plus de mal que les autres. On les releva, et la marquise fut trop heureuse de se remettre à la conduite du cocher de la fille de Bussy, qu'elle avait tant méprisé.

Vous pensez bien que cette aventure ne tomba pas à terre, comme l'avaient fait nos voyageurs, et que l'on badina fort agréablement à Chaseu, sur ce chapitre, (1) de même que l'on dut remettre

------

(1) Un mois et demi après cette « *versade* », Mad. de Sévigné s'amusera encore à la raconter ; le 13 octobre, en effet, elle écrit à Bussy : « J'ai bien ri avec Corbinelli de la manière dont nos deux oncles nous écrasaient, ma nièce et moi. Corbinelli dit que si c'eût été vous qui eussiez été sur votre beau-frère, (sur Toulongeon) vous n'auriez pas perdu cette occasion de procurer innocemment une succession à votre fille. »

Ces *versades* étaient très fréquentes au XVIIe siècle. Voir les

la question de *Don Quichotte* sur le tapis, sans préjudice de *Lucien* que Mad. de Sévigné et Bussy
lurent ensemble et qui leur paraissait très diver-
tissant.

Mad. de Sévigné fut fort occupée pendant les
deux ou trois jours qu'elle passa à Chaseu, dans
ce château que Bussy avait acheté en 1640 et dont
elle admirait la situation. Il lui fallut parler affaires
avec le président de Berbisy qui était venu l'y
trouver à propos d'une succession ; il lui fallut
dîner chez M. de Toulongeon, et aussi chez l'évêque d'Autun, Gabriel de Roquette. « Le pauvre
homme ! » C'est sur lui que Molière avait, dit-on,
pris son Tartuffe, et personne ne s'y méprenait, si
nous en croyons St-Simon ; mais « s'il était faux
presque partout » (1), il avait beaucoup de talent

---

lettres du 15 sept. et du 13 oct. 1677 ; celles du 23 juillet 1678,
du 12 juin 1680, du 5 août 1676, du 12 juin 1680. Dans celle
du 5 fév. 1674, elle raconte d'une façon inimitable la versade
de l'archevêque de Reims. Dans celle du 26 fév. 1672, elle en
mentionne deux, dont l'une donna lieu à la fable de La Fontaine qui a pour titre : *Le Curé et la Mort.*

Rappelons le deuzain que Paul Scarron adressa au duc de
Ventadour à qui le duc d'Uzès cassa un bras en tombant sur
lui dans un carrosse qui versa :

> Dieu vous préserve de la tombe
> Et du duc d'Uzès quand il tombe.

(1) Bussy.

et prêchait avec toute la grâce et toute l'habileté
dont un homme puisse être capable. (1)

Mad. de Sévigné quitta Chaseu le 1ᵉʳ septembre,
passa par Autun, et enfin arriva à Lapalisse, en
Bourbonnais, par un chemin excessivement mauvais, qu'elle qualifie de diabolique, et qu'elle se
jure bien de ne reprendre jamais.

Son voyage en Bourgogne avait duré 16 ou 17
jours. Je me suis laissé entraîner à vous le raconter
en détail, parce qu'il m'a paru intéressant à cause
des incidents dont il est semé ; et je crois bien que
je m'y serais attardé davantage, si je n'avais craint
de manquer de temps pour vous parler du deuxième séjour que Mad. de Sévigné fit dans notre
province. Au reste, je n'ai fait que suivre l'exemple
de Mad. de Sévigné elle-même, qui, nous dit-elle,
se serait probablement oubliée en Bourgogne, si
par hasard elle ne s'était souvenue que sa fille
voulait qu'elle allât prendre les eaux de Vichy.

La voilà donc à deux pas de notre station thermale, à Lapalisse, chez la bonne Mad. de St-Géran,
(2) qui la reçut comme si elle eût été sa propre

---

(1) Mad. de Sévigné, lettre du 12 av. 1680.

(2) « La bonne et jolie Mad. de St-Géran. » (Let. du 22 mai
1674). « Mad. de St-Géran était en tout une femme d'excellente
compagnie et extrêmement aimable, et qui fourmillait d'amis
et d'amies. » (St-Simon, *Mémoires*, tome I, p. 320).

fille. C'est la première fois que Mad. de Sévigné se trouvait à Lapalisse, et elle y resta trop peu de temps — un jour à peine — pour bien connaître la ville et ses environs ; cependant, elle l'aimait et « tout lui était cher à mille lieues à la ronde », par l'unique et simple raison que sa fille y avait passé. Nous avons là un exemple frappant, — et ils fourmillent dans ses lettres — de la puissance de sa sensibilité et de son imagination.

Lorsque Mad. de Sévigné quitta Lapalisse, (1) il y avait huit jours qu'elle n'avait reçu de lettre de sa fille, et cela « lui faisait une tristesse qui n'était point bonne. » Mais en arrivant à Vichy elle en reçut deux, « ce qui lui fut une grande consolation », et son premier soin fut naturellement

---

(1) De même que la vue du pays ravive en elle le souvenir de sa fille, de même un petit enfant qu'elle rencontre chez Mad. de St-Géran, lui rappelle son petit-fils par son âge et sa gentillesse. Voici le court et joli portrait qu'elle en trace : « J'y vis un petit garçon que je trouvai joli ; il a sept ans ; je suis sûre qu'il ressemble au vôtre, j'en jurerais ; son père qui est un gentilhomme de M. de St-Géran, lui a appris à faire l'exercice du mousquet et de la pique : c'est la plus jolie chose du monde ; vous aimeriez ce petit enfant ; cela lui dénoue le corps ; il est délibéré, adroit, résolu. Son père passe sa vie à la guerre ; il est convalescent à la Palisse, et se divertit à rendre son fils un vrai petit soldat ; j'aimerais mieux cela qu'un maître à danser. »

d'y répondre : « Ne me grondez point ce soir ; je veux un peu parler ; j'arrive, je me reposerai demain, rien ne m'oblige à me taire. »

Elle « parle » donc, et entre autres choses, nous donne un premier aperçu de ce qu'était la saison de Vichy pendant la première semaine de Septembre. De nos jours, elle est fort avancée à cette époque ; on peut même dire qu'elle est à son déclin. Or, en 1677, elle battait son plein ; « jamais il ne s'y était vu tant de monde » ; Mad. de Sévigné aurait pu remplir toute une lettre avec les noms des personnes de sa connaissance qu'elle y rencontra ; et les baigneurs continuaient à affluer, encouragés, sans doute, par un mois de Septembre exceptionnellement beau, « qui ne contrefaisait ni l'été, ni l'hiver », et rendait particulièrement agréable le séjour dans notre station thermale.

Mad. de Sévigné trouva donc à Vichy, et en grand nombre, des visages connus, « des chiens de visages » comme elle dit elle-même.

Or, parmi ces chiens de visages, elle choisit « ce qu'il y avait de meilleur », et en fit sa société habituelle, société qu'elle qualifie de jolie, et où, malgré sa sagesse et au risque de mécontenter sa fille, elle s'oubliait parfois au point de négliger de faire ses remèdes. (1) Nulle société, en effet, n'était

______

(1) « Le chevalier vous dira que nous sommes quelquefois

mieux faite pour la distraire et la préserver de
l'ennui, ce gros dieu lourd et pesant, dont parle
Voltaire. On y passait de longues heures à causer
sur toutes sortes de sujets, et ces causeries inter-
minables, (1) où elle jouait naturellement le premier rôle et dont malheureusement il ne nous
reste que de faibles échos, l'entretenaient dans
cette bonne humeur où nous l'avons vue depuis
son départ de Paris ; on profitait du temps idéal
qu'il faisait pour visiter les environs de Vichy, ce
qui lui fournissait l'occasion de revoir des sites
qu'elle trouvait ravissants ; on se promenait près
des sources où certains de ses compagnons aimaient
à se montrer et à faire parade d'élégance devant
les belles du pays ; enfin, on assistait à des concerts (2) qui, sans doute, étaient loin de valoir
ceux qu'on donne aujourd'hui à Vichy, mais
qui eurent le mérite de faire passer de très
agréables moments à Mad. de Sévigné. Tantôt,

---

en si bonne compagnie que, n'ayant pas assez de temps, nous
remettons à Paris à faire nos remèdes. »

(1) « De Termes était touché de la causerie perpétuelle et
infinie de Vichy. »

(2) Mad. de Sévigné ne dit pas expressément où avaient
lieu ces concerts. Toutefois, d'un examen attentif de sa lettre
du 22 sept., il semble résulter qu'un de ces concerts eut lieu,
ce jour-là, chez elle.

elle y voyait figurer une impertinente petite bossue, qui chantait sans fin et sans cesse, qui se croyait miraculeuse et la faisait fort rire ; et tantôt un homme de l'Opéra, qui jouait du violon mieux que Baptiste (1), et qu'elle se propose de faire entendre à sa fille, à Paris, pendant l'hiver, persuadée qu'elle ne pourra l'entendre sans en être charmée.

Mais les causeries et les concerts, les allées et venues aux alentours des sources, et les promenades le long de l'Allier, ne suffisaient pas aux membres de cette jolie société : il leur fallait une distraction d'un autre genre, et ils la trouvaient dans les plaisirs de la table. On mangeait fort bien, paraît-il, aux dîners qu'on se donnait mutuellement ; on ne dédaignait pas « une caille, ni une aile de perdrix » ; on y buvait aussi, le *Bien Bon* surtout, qui aimait « à emplir son sac », (2) et quand on se séparait, « tous les commensaux étaient contents. » En somme, toutes proportions gardées,

------

(1) Baptiste Lulli.

(2) Avec toutes ses excellentes qualités, le Bien Bon avait un faible pour le bon vin. Pendant le voyage qu'il fit en Bretagne, Mad. de Sévigné avait soin de lui faire porter une cave pleine du meilleur vin vieux de Bourgogne ; il prenait cette boisson avec beaucoup de patience, et quand il avait bu, elle disait : « le pauvre homme ! » Quelques jours après, elle

c'était la continuation du fameux souper de Saulieu.

Mais quels étaient donc ces commensaux de Mad. de Sévigné ? Car il faut bien que je vous en dise quelques mots puisqu'ils vécurent de sa vie et contribuèrent à la divertir pendant tout son séjour à Vichy.

Le premier qu'elle mentionne — et ce fut aussi le premier qui vint la voir dès qu'elle fut arrivée à Vichy, — est le comte de Champlâtreux, (1) dont la bouche, placée près de l'œil, se trouvait là tout aussi bien qu'ailleurs, au dire de Mad. de Grignan. Nul ne faisait meilleure chère que lui. Il donnait souvent à dîner au Bien Bon, et le Bien Bon trouvait sa compagnie agréable, non pas uniquement, — au moins je le suppose, — à cause des mets délicats dont il le régalait, mais aussi parce qu'il avait du jugement, de la discrétion et de la sagesse, tout comme le Prince des Druides de l'*Astrée* à qui on le comparait volontiers. Mad. de Sévigné subis-

------

le remit entre les mains du vin de Grave, dont il s'accommodait fort bien. (Voir les lettres du 27 oct. 1673, du 19 août 1676, du 18 mai 1680 et celles du 26 janv. et du 12 fév. 1683).

(1) Jean-Edouard Molé de Champlâtreux, président à mortier, était fort appliqué à ses divertissements particuliers, est-il dit dans les notes sur les membres du parlement demandées par Foucquet. (Manuscrit de Saint-Victor, n° 10 96)

sait son ascendant et se laissait gouverner par lui
concurremment avec Vincent, son médecin : l'un
ayant la haute main sur le régime, et l'autre sur le
traitement qu'elle suivait. Mais personne n'est
parfait en ce bas monde, et Champlâtreux ne faisait pas exception à la règle, car il était dévoré
par la jalousie. Mad. de Sévigné le comparaît plaisamment au chien du jardinier qui, ne mangeant
point de choux, ne veut pas que les autres en
mangent, (1) et ce défaut qui le rendait légèrement
ridicule la faisait fort rire. Malheureusement, elle
eut à en souffrir, et voici comment : Le marquis de
Vardes, avec qui elle était très liée, et qu'elle estimait beaucoup, arriva un beau jour de Provence
en lui apportant d'excellentes nouvelles de Mad. de
Grignan. (2) Je vous laisse à penser comment il fut
reçu ; (3) et de fait, il le fut si bien, qu'il fut tenté
de demeurer à Vichy, persuadé que les eaux et la
compagnie y étaient plus propres pour lui que
celles de Bourbon où il devait aller. Mais M. de

------

(1) « Jamais il n'y eut un véritable chien de jardinier com
lui », dit-elle.

(2) « Vardes m'a ôté toute l'inquiétude que j'aurais pu
avoir, en me disant, avec tous les bons tons du monde, qu
le fond de votre teint est tranquille et blanc, sans nulle apparence d'altération. »

(3) « Il a été reçu ici divinement. »

Champlâtreux, dont la jalousie (1) était excitée par sa présence, ne l'entendit pas ainsi, et « par une ridicule politique, l'obligea en quelque sorte, à continuer son chemin. »

C'est ainsi qu'il priva Mad. de Sévigné du plaisir qu'elle aurait eu à rester plus longtemps en la compagnie de Vardes ; mais il ne paraît pas que Champlâtreux ait perdu, pour cela, les bonnes grâces de l'indulgente marquise.

Après le marquis de Vardes, il convient de placer le marquis de Termes, (2) car l'un et l'autre semblent s'être pris à Vichy d'une amitié subite : « Vardes a extrêmement plu à Termes, et Termes à Vardes », dit Mad. de Sévigné ; « leurs esprits se sont frappés d'un agrément égal ; ça été un coup double : cette connaissance qu'ils avaient de se plaire les rendait plus aimables. »

Le marquis de Termes avait servi pendant quelque temps, s'était fait remarquer par son cou-

______

(1) Il s'agit évidemment d'une dame à laquelle de Champlâtreux faisait une cour que Mad. de Sévigné qualifie *d'épineuse*. Or, comme de Vardes, malgré ses cinquante-trois ans, était encore, au dire de La Fare, « plus aimable par son esprit, par ses manières insinuantes et même par sa figure que tous les jeunes gens », de Champlâtreux en conçut ombrage, et parvint — Mad. de Sévigné ne dit pas comment — à l'éloigner de Vichy.

(2) Roger de Paraillan de Gondrin, marquis de Termes, mort en 1704. Boileau le nomme au vers 54 de son *Epitre XI*,

rage, et avait été blessé au passage du Rhin. « **Je ne sais par quel accident** », dit St-Simon, « il avait un palais d'argent, qui lui rendait la parole **fort** étrange ; mais ce qui surprenait, c'est qu'il n'y paraissait plus dès qu'il chantait, avec la plus belle voix du monde. » (1)

Il était arrivé à Vichy « tout malingre de goutte et de colique, avec une barbe longue comme celle d'un capucin », et semblait être ravi d'être loin du collège et de la férule de son régent, en l'espèce Marie Girard, sa maîtresse, veuve de Jacques de Castelnau, maréchal de France, qui lui avait donné quelques semaines de vacances pour aller se soigner à Vichy. (2) Le repos et la liberté qu'il avait trouvés dans notre station thermale, le charmaient; car c'est quelquefois « un charme de passer d'une extrémité à l'autre » ; et puis, il y avait fait la rencontre d'une « honnête femme », en la personne de Mad. de Sévigné, et cette rencontre, — par contraste également — l'enchantait ; d'autant plus qu'il « était touché de la causerie perpétuelle

---

(1) SAINT-SIMON, *Mémoires*, tome IV, p. 243.

(2) Sur les amours de Termes et de Marie Girard, voir : *Madame de Sévigné*, lettre du 15 oct. 1677 ; *La France Galante*, tome I, p. 273 ; *Tallemant des Réaux*, 3e éd., tome VI, p. 37 ; *Lettre de Mlle de Scudéry à Bussy*, 8 fév. 1679.

et infinie » qui avait lieu en présence et probablement sous la direction de la marquise.

Il avait comme inséparable, le chevalier de Flamarens qui ne se portait pas mieux que lui, mais qui, tout comme lui, ne songeait qu'à se distraire le plus possible ; qui voyait l'un, voyait l'autre, soit à la douche, soit à la fontaine, soit surtout chez Mad. de Sévigné qui « était leur véritable consolation. » C'étaient eux qui avaient amené de Paris, — afin sans doute, de varier ou de rehausser les distractions qu'ils allaient trouver à Vichy, — cet émule de Lulli que Mad. de Sévigné prenait tant de plaisir à entendre. D'ailleurs, malgré leur air souffreteux, ils devaient avoir l'un et l'autre assez bonne mine et une certaine prestance, si l'on en juge par les frais de toilette dont ils furent la cause : « Je voudrais que vous eussiez vu », écrit Mad. de Sévigné, « jusqu'à quel excès leur présence fait monter la coiffure et l'ajustement de deux ou trois belles du pays. Enfin, dès six heures du matin, tout est en l'air, coiffure *hurlupée*, poudrée, frisée, *bonnet à la bascule*, rouge, mouches, petite coiffe qui pend, éventail, corps de jupe long et serré ; c'est pour pâmer de rire. »

Qui citerai-je encore ? de Jussac, gouverneur du duc de Vendôme, qui avait la bonté d'honorer Mad. de Grignan, et qui devait trouver la mort à la bataille de Fleurus en 1690 ; M. et Mad. d'Albon, qui possédaient un château entre Gannat et Moulins ; Mad. de Sourdis, blanche et blonde ; et enfin, *though last not least* (1), deux membres de sa famille, le chevalier de Grignan, surnommé le *Petit Glorieux* (2), dont elle prend soin comme le ferait une mère ; et le bon abbé de Coulanges, qu'elle désigne souvent sous le nom de *Bien Bon*, et qui « prend des eaux pour vider son sac qu'il avait un peu trop rempli à Epoisse. »

Et tout cela formait « une société de misérables qui ne l'étaient pas trop », car bien que plus ou moins malades et venus à Vichy pour se soigner, ils savaient donner libre cours à leur gaieté naturelle, et ne pas s'absorber dans la contemplation perpétuelle de leurs maux.

A côté de ce groupe d'intimes que Mad. de Sévigné voyait fréquemment, il convient de placer

---

(1) Et ce ne sont pas les moindres, bien que mentionnés les derniers.

(2) Le chevalier de Grignan était très brave, et avait accompli, deux ans auparavant, de grands exploits au sanglant combat d'Altenheim. Malheureusement, ses infirmités qui déjà commençaient à le faire beaucoup souffrir, devaient bientôt l'obliger à quitter le service. C'était le membre de la famille des Grignans que Mad. de Sévigné préférait, après son gendre, naturellement. (Voir St-Simon, *Mémoires*, tome IV, p. 424).

quelques jésuites avec lesquels il lui arrivait de lier
conversation, bien qu'elle n'aimât guère « la livrée
qu'ils portaient. » Les jésuites, en effet, étaient les
ennemis d'Arnauld d'Andilly, de Nicole, de Pascal,
et de tous ces « Messieurs de Port Royal » qu'elle
admirait ; et il n'en fallait guère davantage pour
qu'elle les détestât, sauf un seul, le grand Bourda-
loue, qui semble l'avoir ensorcelée par son talent
de prédicateur. Quoi qu'il en soit, elle en vit, un
jour, deux ou trois à Vichy, qui faisaient fort les
entendus, et qui devaient être d'une belle force en
controverse, car il ne semble pas qu'elle parvint à
les confondre, puisqu'elle parle du plaisir qu'elle
aurait eu à les voir « étrangler » par son ami Corbinelli. (1) Mais un autre jour, il lui fut donné de
prendre sa revanche sur un de leurs confrères
qu'elle étrangla elle-même, sans le secours de personne : « Dès la première visite », dit-elle, « nous
fûmes brouillés, et ses eaux en furent tellement
troublées qu'il fut contraint d'aller à Saint-Mion
pour se rafraîchir. » (13 sept. 1677). Elle fut, cela
va sans dire, ravie de cette victoire, et la verve
avec laquelle elle dut la raconter, ne dut certainement pas « troubler les eaux » de ses amis de Vichy.

Tel était le milieu où vivait Mad. de Sévigné ;

----

(1) **Lettre du** 13 sept. 1677.

il n'avait rien d'ennuyeux, ni de maussade ; tout y respirait la gaîté, la joie de vivre et même de bien vivre, conditions qu'un baigneur doit avant tout rechercher comme étant essentiellement propres à faire réussir les remèdes.

Lorsque Mad. de Sévigné commença son traitement, elle ne désirait qu'une chose : « C'était de *clouer* le bienheureux état où elle se trouvait », car depuis longtemps elle ne s'était aussi bien portée, et « ce n'est que par la seule envie de mettre l'esprit de sa fille en repos, qu'elle se décida à attaquer courageusement et de bon cœur, une santé parfaite. »

Comme l'année précédente, elle commence par aller à la fontaine (1). Elle boit pendant seize jours, se déclare « fort contente » des eaux, les trouve « salutaires et faites pour elle », et prétend que si M. de Grignan se décidait à en prendre, — et elle le lui conseille fortement, car « il n'aurait pas mal besoin, lui aussi, de vider son sac » — il serait lavé, lessivé et guéri de tous ses maux.

Le 16 septembre, avant de prendre sa première

---

(1) Elle y allait à six heures du matin : « Tout est réglé, tout dîne à midi, tout soupe à sept, tout dort à dix, tout boit à six. » Pour la cure interne de Vichy au XVIIe siècle, voir un article intéressant de A. Mallat dans le *Centre Médical*, an. 1912-1913, p. 42 et suivantes.

douche, elle pense que cette opération lui sera
moins rude que l'année précédente, car elle aura
devant et après elle, Jussac, Termes et Flamarens
qui ont déjà commencé, et « trouvent que c'est
la plus jolie chose du monde. » Hélas ! Mad. de
Sévigné présumait trop de ses forces ; elle ne put
soutenir ces douches d'une demi-heure ; elle en
fut « échauffée et étourdie » au point d'avoir peur
de la fièvre ; et cessa d'en prendre après la deuxième, disant qu'il ne fallait pas se jouer avec un
pareil remède, et que d'ailleurs, elle n'en avait
plus besoin du moment qu'elle ne pouvait plus
les supporter. (1)

-----

(1) Pendant son deuxième séjour à Vichy, la douche préoc-
cupa Mad. de Sévigné beaucoup plus qu'on ne le croit généralement. Voir ses lettres des 16, 19, 21, 22, 24 sept., et celles
des 1er, 4 et 7 oct. 1677.

Elle la commença le 16, et avait vraisemblablement l'intention d'en prendre une par jour jusqu'au 22. Pendant sa première douche, il lui sembla que, dans *la chaleur du combat*,
elle fermait les mains. Mais rentrée chez elle, elle se sentit
mal à son aise, inquiète, incapable de bien écrire, et se plai-
gnit de sa douche dans une « sotte lettre » qu'elle envoya à
sa fille. (La lettre à laquelle elle fait allusion, et qui fut écrite
le 17 ou le 18 sept., n'a pas été conservée). Comme elle n'avait
pas « sué beaucoup » pendant cette première douche, elle en
conclut qu'elle n'avait pas besoin de transpirer comme l'année
précédente, et songea même à ne plus en prendre. Toutefois.

La douche ne lui réussissant pas, (1) elle se mit à prendre des bains, mais n'en prit que deux, car sa saison touchait à sa fin. C'étaient des bains chauds, probablement très chauds, car elle les appelle des *bains à la Sénèque*, (2) par allusion à l'étuve où Sénèque se fit porter pour mourir et où

« pour finir toute contestation », elle annonce qu'elle en prendra encore une ou deux avant de partir.

La deuxième douche ne lui donna « aucun mal de tête aucune incommodité, qui se puisse nommer » ; mais elle en fut fort étourdie et fort échauffée, et se trouva un peu de chaleur à la gorge, de sorte qu'elle eut peur de la fièvre. Il devenait évident que la douche « prenait trop sur elle », et qu'elle ne pouvait la soutenir. Mais pourquoi cela ? attendu qu'elle l'avait si bien soutenue l'année précédente ? Simplement parce qu'elle n'en avait plus besoin n'ayant plus de sérosité : « La nature parlait ; elle en voulait l'année précédente ; elle en avait besoin ; elle n'en voulait point cette année-ci ; il était prudent d'obéir à sa voix et de ne pas se jouer à ce remède. »

Ce fut donc par « sagesse et par raisonnement » que Mad. de Sévigné « quitta la douche » après en avoir pris deux seulement.

(1) « Ce dont elle fut fâchée », dit-elle, « car elle aimait à suer ».

(2) Il y avait alors deux façons de prendre les bains : à la Maison du Roy, avec l'eau dans toute sa force ; et à domicile avec l'eau tempérée. Ces derniers étaient bons pour les maladies légères ; mais pour les grandes et rebelles, il était nécessaire de prendre les bains à la source. Voir Cl. Fouët, *Nouveau système des Bains et Eaux Minérales* (1686). L'expression dont se sert Mad. de Sévigné, montre qu'elle prit ses bains « à la source. »

il fut étouffé par la vapeur ; ou bien encore à ces bains dont il parle dans son épitre LXXXVI, et qu'on chauffait à un tel point qu'il semblait qu'on les voulût brûler plutôt que chauffer.

En somme, on peut dire que Mad. de Sévigné, pendant cette deuxième cure, « se contenta de boire », puisqu'elle ne prit que deux douches et deux bains. Mais, en revanche, il semble bien qu'elle but abondamment ; elle ne mesurait pas au compte-goutte, comme beaucoup de baigneurs le font aujourd'hui, les doses qu'elle prenait ; elle buvait, nous dit-elle, « à longs traits », car « elle ne trouvait rien de si bon que ces eaux », et — bien que cela nous semble étrange aujourd'hui, — cette pratique « lui réussissait à merveille » ; elle était plus belle que jamais, (1) sa santé générale était admirable, et ses mains allaient beaucoup mieux, car elle les fermait presque et « pouvait couper du pain. »

Elle finit ses eaux le 22 septembre, (2) se purgea le 23, et le vendredi 24, partit pour Langlar, emmenant avec elle toute sa jolie et joyeuse compagnie,

---

(1) « Vous m'aimeriez si vous saviez le bon air que j'avais à la fontaine. »

(2) Elle était arrivée à Vichy le 4 septembre ; Vincent, son médecin, était allé la voir le soir même ; elle s'était reposée le 5 et le 6, et avait commencé à boire le 7 ; elle avait donc bu pendant 16 jours.

sauf le chevalier de Grignan qui devait venir la rejoindre le lendemain. On s'amusa fort à Langlar, bien que l'abbé Bayard en fut absent ; on y continua les bons dîners de Vichy et de Saulieu ; on y but longuement à la santé du maître du logis dont Mad. de Sévigné se complut à « faire le portrait » ; on y dansa, tout comme dans une fête de province, au son des violons, des fifres et des tambours. Entre temps, on se laissait prendre au charme de cette superbe résidence ; « le bon abbé était ravi de la terrasse ; de Termes faisait paraître une admiration vive et naturelle en découvrant cette belle vue qui est effectivement une des plus surprenantes choses du monde », tandis que Mad. de Sévigné qui « ne pouvait jamais s'empêcher de souhaiter sa fille partout, mais particulièrement quand quelque chose lui plaisait », aurait bien voulu l'avoir auprès d'elle.

Après avoir « fait cette bonne vie » pendant trois jours, la même joyeuse troupe quitte Langlar et se divise en trois tronçons : le chevalier retourne à Vichy où il devait commencer sa douche et rester encore huit jours ; Mad. de Sévigné va coucher chez M. et Mme d'Albon, et Jussac, Termes et Flamarens prennent la route de Moulins où Mad. de Sévigné les retrouvera le lendemain en compagnie de Vardes, accouru de Bourbon « pour lui dire encore adieu. »

A Moulins, Mad. de Sévigné fit voir à ses amis les petites de Valançay, petites-nièces du duc de Montmorency, qui « étaient fort éveillées », et de là les conduisit chez Mad. Foucquet « qui ne l'était point du tout, mais dont la vertu et le malheur étaient respectables. » Cette visite à la veuve de son ancien ami était pour elle une sorte de pélerinage dont elle n'aurait pu que difficilement se dispenser. Elle soupa et coucha à Pomé, et le lendemain se remit en route , « avec ses hommes », et quitta le Bourbonnais qui, à cette époque de l'année « était plein de vendanges et de vendangeurs. »

Sa petite troupe occupait deux carrosses et voyagea gaîment jusqu'à Nevers, où Mad. de Sévigné fut témoin d'une course « la plus hardie qu'on puisse imaginer », et qu'elle décrit en ces termes : « Quatre belles dans un carrosse nous ayant vu passer dans les nôtres, eurent une telle envie de nous revoir, qu'elles voulurent passer devant nous lorsque nous étions sur une chaussée qui n'a jamais été faite que pour un carrosse. Ce téméraire cocher nous passa sur la moustache : elles étaient à deux doigts de tomber dans la rivière ; nous criions tous miséricorde ; elles pâmaient de rire, et coururent de cette sorte, et par dessus-nous et devant nous, d'une si surprenante manière, que nous en sommes encore effrayés. »

A Cosne, nos voyageurs s'avisèrent de visiter

une usine où l'on faisait du canon et d'autres grands ouvrages de fonte, (1) et cette visite émerveilla Mad. de Sévigné, ainsi qu'en témoigne la description suivante :

« Hier au soir, à Cosne, nous allâmes dans un véritable enfer : ce sont des forges de Vulcain : nous y trouvâmes huit ou dix cyclopes forgeant, non pas les armes d'Enée, mais des ancres pour les vaisseaux ; jamais vous n'avez vu redoubler des coups si justes, ni d'une si admirable cadence. Nous étions au milieu de quatre fourneaux ; de temps en temps, ces démons venaient autour de nous, tout fondus de sueur, avec des visages pâles, des yeux farouches, des moustaches brutes, des cheveux longs et noirs ; cette vue pourrait effrayer des gens moins polis que nous. Pour moi, je ne comprenais pas qu'on pût résister à nulle des volontés de ces Messieurs-là dans leur enfer. Enfin, nous en sortîmes avec une pluie de pièces de quatre sous dont notre bonne compagnie les rafraîchit pour faciliter notre sortie. »

De Cosne, on se dirigea sur Gien où l'on avait décidé qu'on se séparerait, et où l'on se sépara, en effet, mais ce ne fut qu'après une petite aventure qui mérite d'être contée, et comme personne

____

(1) Voir le mot *Cosne* dans le Dictionnaire de Trévoux.

ne saurait mieux conter que Mad. de Sévigné, je lui cède la parole pour un instant :

« Nous avons fait cette après-dînée, un tour que vous auriez bien aimé : nous devions quitter notre bonne compagnie dès midi, et prendre chacun notre parti, les uns vers Paris, les autres à Autry. Cette bonne compagnie n'ayant pas été préparée assez tôt à cette triste séparation, n'a pas eu la force de la supporter, et a voulu venir à Autry avec nous : nous avons représenté les inconvénients, et puis enfin, nous avons cédé. Nous avons donc passé la rivière de Loire à Chatillon tous ensemble ; le temps était admirable, et nous étions ravis de voir qu'il fallait que le bac retournât encore pour prendre l'autre carrosse. Comme nous étions à bord, nous avons discouru du chemin d'Autry : on nous a dit qu'il y avait deux mortelles lieues, des rochers, des bois, des précipices ; nous qui sommes accoutumés depuis Moulins à courir la bague, nous avons eu peur de cette idée, et toute la bonne compagnie, et nous conjointement, nous avons repassé la rivière, en pâmant de rire de ce petit dérangement ; tous nos gens en faisaient autant, et dans cette belle humeur, nous avons repris le chemin de Gien, où nous voilà tous ; et après que la nuit nous aura donné conseil, qui sera apparemment de nous séparer courageusement, nous irons, la bonne compagnie de son côté, et nous du nôtre. »

Le lendemain donc, la nuit leur ayant donné le conseil prévu, ils consentirent, bien qu'à regret, à se séparer, « car la bonne compagnie est de fort bonne compagnie », et Mad. de Sévigné se remit en route, accompagnée du seul *Bien Bon.*

« Par un grand chemin tout naturel, et ravie d'avoir évité celui de traverse qui ne valait rien, » elle se rendit à Autry, chez la petite comtesse de Sanzei, sœur d'Emmanuel de Coulanges. La journée qu'elle y passa n'eût rien de la gaieté des journées précédentes, non seulement parce que « la petite comtesse, malgré son joli visage, se montrait inconsolable d'être devenue sourde au point qu'elle l'était, avait toujours les larmes aux yeux et une tristesse mortelle », mais aussi et surtout, parce qu'elle apprit en arrivant, une nouvelle qui l'affligea profondément : la mort de l'abbé Bayard, de cet excellent ami qui l'avait reçue dans sa maison de Langlar avec tant d'hospitalité, et dont elle se plaisait à célébrer les vertus. On aime à saisir Mad. de Sévigné sous le coup d'une profonde émotion, comme celle-ci, (1) parce que

____

(1) Lorsqu'elle est « dans ces bouffées d'éloquence que donne l'émotion et la douleur », selon sa propre expression (16 août 1675).

c'est à de pareils moments que brille avec le plus d'éclat, son merveilleux génie d'écrivain ; elle se trouve poussée par une force irrésistible, à épancher sa douleur ; se taire, lui serait aussi impossible qu'au rossignol de ne pas chanter au mois de Mai ; et elle exprime sans effort, simplement, naturellement, divinement, tout comme le rossignol chante, les sentiments divers dont son cœur déborde ; et l'on est surpris et émerveillé de voir avec quelle simplicité de moyens elle parvient à l'éloquence. Je vais vous lire cette page, dictée, comme tant d'autres, par une douleur vive et sincère :

« J'admire, ma chère enfant, que j'aie pu écrire tout ceci, ayant sur le cœur la tristesse et la surprise de la mort subite et terrible du pauvre abbé Bayard ; je crois rêver en l'écrivant ; ce fut la première chose que je trouvai dans une lettre de d'Hacqueville qui m'attendait ici. Il vous l'aura mandé comme à moi, mais je veux vous en parler. Je vous écrivis de Langlar un certain dimanche, dans la lettre du chevalier. Tout était en joie et en danse chez cet abbé : les violons, les fifres, les tambours faisaient un bruit de fête de province, le plus agréable du monde, sur cette belle terrasse ; sa santé avait été célébrée, j'avais fait son portrait à ceux de notre troupe qui ne l'avaient jamais vu, et j'avais dit beaucoup de bien de son cœur et de son âme, parce qu'il y en avait beaucoup à dire,

Ma fille, savez-vous ce qui arrivait pendant tout cela ? Il mourait, il expirait ; et le lendemain, quand je lui écrivis en partant, une relation de ce qui s'était passé chez lui, dont il aurait été ravi, il n'était plus de ce monde, et c'était à un mort que j'écrivais. Je vous avoue que je fis un cri du fond de mon cœur, en apprenant cet arrangement de la Providence, et mon esprit en sera longtemps étonné. J'avais une véritable envie de le voir, et de lui conter la bonne vie que nous avions faite à Langlar, et le regret de ne l'avoir pas eu, comme la meilleure chose, que nous puissions avoir ; et la première ligne que je lis c'est sa mort ; mais quelle mort ! Il se portait très bien ; il avait passé la veille chez Mad. de Coulanges avec M. de la Rochefoucauld ; il avait parlé de moi, et de la joie qu'il avait de penser que j'étais chez lui. Le dimanche, il prend un bouillon, il le vomit ; il eut soif l'après-dînée, il demande à boire ; son valet le quitte pour lui obéir, il revient ; et le trouve mort sur sa chaise. Quelle surprise ! mais quelle promptitude ! On est souvent un fort honnête homme, qu'on n'est pas un très bon chrétien : sans confession, sans préparation ; enfin, c'est un abîme de méditation. Il avait un abcès dans la poitrine, qui s'est crevé tout d'un coup, et l'a étouffé. Ma très chère, je vous demande pardon, je ne saurais me taire sur une aussi triste aventure. »

Dans la même lettre qui lui annonçait la mort du « pauvre abbé Bayard », se trouvait une autre nouvelle qui, celle-là, lui fit un sensible plaisir, car elle mettait fin à un souci domestique qui la préoccupait depuis quelque temps, et qui forme, en quelque sorte, le *leit-motif* de toutes les lettres qu'elle avait écrites depuis le 7 septembre : je veux parler de l'*Hôtel Carnavalet* que son chargé d'affaires, le zélé mais formaliste, d'Hacqueville venait enfin de lui louer, et où elle devait habiter jusqu'à sa mort. Pour bien comprendre la joie qu'elle éprouva, il est bon de revenir un peu en arrière, ce qui, du reste, ne nous écartera pas de notre sujet, puisqu'il s'agit d'une affaire qui fit passer Mad. de Sévigné par des alternatives de crainte et d'espoir pendant tout son séjour en Bourbonnais.

Dès le 14 juillet, c'est-à-dire un mois avant son départ pour Vichy, nous la voyons en quête d'une maison suffisamment vaste et commode pour qu'elle puisse y loger sa fille lorsque celle-ci viendrait à Paris. Après avoir hésité entre plusieurs maisons, elle fit choix de l'*Hôtel Carnavalet*, belle et vaste demeure, bâtie vers le milieu du XVIe siècle, par les sires bretons de Carnavalet, et que J. Goujon avait décorée à l'intérieur et à l'extérieur, de magnifiques sculptures qu'on y admire encore aujourd'hui. Par ses dimensions, sa distribution, le nombre de ses appartements, cet hôtel se prêtait mieux qu'aucune des maisons qu'elle avait visitées, à ses projets si caressés de vie en commun avec Mad. de Grignan.

Il était alors occupé par la comtesse de Lillebonne, qui avait manifesté l'intention de le quitter à la St-Rémy, c'est-à-dire le 1er octobre ; mais Mad. de Sévigné craignait qu'elle ne changeât d'avis et ne demandât, — ce qui paraissait être son droit, — un renouvellement de bail. D'autre part, elle ne voulait rien conclure avant de savoir, d'une façon certaine, si Mad. de Grignan viendrait passer l'hiver à Paris. C'est dans cette appréhension et dans cette incertitude qu'elle était partie pour le Bourbonnais.

Cette affaire ne semble pas l'avoir préoccupée pendant son voyage en Bourgogne, car elle n'y fait pas la moindre allusion dans ses lettres ; mais aussitôt arrivée à Vichy, nous la voyons presser sa fille de prendre une décision ferme : « Je vous conjure de mander à d'Hacqueville ce que *vous avez résolu pour cet hiver, afin que nous prenions l'hôtel Carnavalet ou non* » (7 sept.); et à partir de ce moment, l'affaire Carnavalet devient, ainsi qu'on l'a dit avec raison, un article obligé de toutes les lettres de Mad. de Sévigné, de sorte que nous pouvons en suivre les progrès, pas à pas, jusqu'à sa conclusion.

Le 13 septembre, elle reçoit une première satisfaction : sa fille lui annonce qu'elle ira la voir pendant l'hiver. Aussi, écrit-elle, le jour même, à d'Hacqueville (1) pour qu'il lui *arrête le Carnavalet* ; car elle espère bien, une fois sa fille à Paris, la décider à venir y loger ; et, de fait, elle commence déjà à l'amadouer en se faisant la plus accommodante, la plus obéissante des mères : « car je compte bien ma belle, que vous viendrez dans l'appartement de ma maison que je vous ai destiné, à moins que vous ayez pour vous seule, une autre maison toute trouvée ; dans ce cas, je me conformerai à vos desseins, j'entrerai dans vos pensées, je me ferai un plaisir de vos volontés, vous me ferez changer d'opinion, je croirai que tout ce que j'avais imaginé n'était point bien ; car je veux sur toutes

----

(1) D'Hacqueville lui était entièrement dévoué et s'occupait depuis longtemps de ses affaires. Elle parle très souvent de lui dans ses lettres, et ne lui ménage guère les éloges : « D'Hacqueville ne laisse rien à désirer ; je n'ai jamais vu des tons et des manière fermes et puissantes pour soutenir ses amis comme celles qu'il a ; c'est un trésor de bonté, d'amitié et de capacité, à quoi il faut ajouter une application et une exactitude, dont nul autre que lui n'est capable. J'attends donc la fin de cette affaire avec l'espérance que me donne la confiance que j'ai en lui. » (18 déc. 1675). Voir aussi la fin de la lettre du 9 oct. 1676.

choses que vous soyez contente, et quand vous le serez, je le serai. »

Mais elle n'eut pas à attendre si longtemps la décision de sa fille ; trois jours plus tard, en effet, le 16 septembre, cette dernière lui déclarait *fort nettement qu'elle voulait venir loger chez elle.* La première partie des vœux de Mad. de Sévigné était comblée ; restait la seconde : arrêter définitivement la demeure où elle devait habiter avec sa fille.

Elle avait déjà, nous l'avons vu, donné à cet effet, des ordres formels à d'Hacqueville ; et elle se figure d'abord, je ne sais pourquoi, que l'affaire est conclue : « Je crois que d'Hacqueville *nous a pris la Carnavalette* », et, toute heureuse, elle ajoute : « Nous nous y trouverons fort bien ; il faudra tâcher de s'y accommoder ; rien n'est plus honnête ni à meilleur marché que de loger ensemble. » (16 sept.). Or, d'Hacqueville *n'avait rien conclu du tout* ; il n'allait pas si vite en besogne ; « avec son profond jugement qui voulait que tout soit parfait », il pesait le pour et le contre, les avantages et les inconvénients, et risquait par sa lenteur, de mettre Mad. de Sévigné et sa fille « entièrement sur le pavé. » D'Hacqueville « *lanterne tant pour la Carnavalette* » écrit-elle le 19 sept., « que je meurs de peur qu'il ne la laisse aller ; oh, bon

Dieu ! faut-il tant de façons pour six mois ? (1)
Avons-nous mieux ? Ecrivez-lui, comme moi, qu'il
ne se serve point en cette occasion, de son profond
jugement. »

Le 21 septembre, d'Hacqueville n'a encore rien
conclu, et les inquiétudes de Mad. de Sévigné se-
tournent du côté de la comtesse de Lillebonne :
« Je crains », dit-elle, « que la comtesse ne se ravise
et n'en veuille point sortir à cette Saint-Rémy ;
je reconnaîtrais bien notre guignon à cela. »

Le 22 septembre, d' Hacqueville *lanterne tou,
jours*, et Mad. de Sévigné « meurt de peur que
Mad. de Lillebonne ne veuille pas déloger. »

Le 24, lorsqu'elle part de Vichy, elle *ne sait
pas encore si elle aura* cet hôtel tant convoité.
Dans son impatience d'arriver à un résultat, elle
avait adjoint « au grand d'Hacqueville », l'actif
M. de Coulanges qui, paraît-il, savait aplanir toutes
les difficultés ; et cependant, elle n'apprend rien
de nouveau ni à Langlar, ni à Moulins, ni à Saint-
Pierre-le-Moutier. Son inquiétude est plus grande
que jamais : « Je n'ai plus », dit-elle, « de lettre de
d'Hacqueville, et *je marche en aveugle sans savoir
ma destinée.* » Enfin, cinq jours plus tard, en arri-

----

(1) Il n'était d'abord question que d'un bail à l'essai de
six mois.

vant à Autry, elle eut la joie d'apprendre que tout était terminé et que l'Hôtel de Carnavalet était bien à elle : « Je vais vous ranger la *Carnavalette* », écrit-elle toute joyeuse à Mad. de Grignan, « *car enfin, nous l'avons*, et j'en suis fort aise. » (1)

A son arrivée à Paris, elle fut accueillie par Mons. le Coadjuteur, M. d'Hacqueville, le gros abbé, M. de Coulanges, Mad. de la Troche, « qui tous firent très bien leur devoir d'amis. » Elle leur revenait avec une nouvelle provision de santé, de jeunesse et de beauté. Elle déclare se trouver parfaitement bien des eaux de Vichy, et ajoute, avec

---

1) Dans la lettre du 7 octobre qu'elle écrit à Paris, elle donne les raisons de son contentement :

« C'est une affaire admirable : nous y tiendrons tous, et nous aurons le bel air ; comme on ne peut pas tout avoir il faut se passer des parquets et des petites cheminées à la mode ; mais nous aurons du moins une belle cour, un beau jardin, un beau quartier, et de bonnes petites filles bleues. (le couvent des Annonciades célestes, ou filles bleues, de l'ordre de St-Augustin, se trouvait depuis 1626, près de l'Hôtel Carnavalet) et nous serons ensemble. »

Dans la lettre du 27 octobre, elle nous apprend qu'elle prit le *haut* pour elle et Mad. de Grignan, et le *bas* pour M.de Grignan et ses filles.

Dans la lettre du 18 octobre, il est question « d'attaquer une vieille antiquaille de cheminée », et de la transformer en une cheminée à la mode, avec la permission du propriétaire, M. d'Agaurry.

une fierté qui lui sied à ravir : « Demandez à tous ces hommes comme je suis belle ! »

Or, l'un de ces hommes, M. de Coulanges, chez qui elle demeura pendant le désordre de son emménagement, nous renseigne admirablement à cet égard dans une note qu'il adresse à Mad. de Grignan :

« Nous la tenons enfin, cette incomparable mère-beauté, plus incomparable et plus mère-beauté que jamais ; car, croyez-vous qu'elle soit arrivée fatiguée ? Croyez-vous qu'elle ait gardé le lit ? Rien de tout cela : elle me fit l'honneur de débarquer chez moi, plus belle, plus fraîche, plus rayonnante que jamais ; et depuis ce jour-là, elle a été dans une agitation continuelle, dont elle se porte très bien, quant au corps s'entend ; et pour l'esprit, il est, ma foi, avec vous ; et s'il vient faire un tour dans son beau corps, c'est pour parler de cette rare comtesse qui est en Provence. »

En présence de pareils résultats, il est naturel de se demander pourquoi les eaux de Vichy sont, de nos jours, si peu employées contre les rhumatismes. (1) Est-ce qu'elles n'auraient plus la même

---

(1) Elles l'étaient beaucoup au XVIIe siècle, et le cas de Mad. de Sévigné est loin d'être une exception. Voici ce que dit Antoine Joly à ce sujet : « Les eaux chaudes nous servent

température, ou la même composition chimique, et par suite les mêmes vertus curatives qu'elles avaient au XVIIᵉ siècle ? Ont-elles été supplantées par des eaux réellement plus efficaces qu'elles ? Ou faut-il voir là, tout simplement, un effet de la réclame, de la mode et de notre amour du changement ?

Je laisse à d'autres le soin de répondre à ces questions, et me borne à signaler le fait. J'ajouterai, toutefois, que si, « par effet de magie blanche ou noire », Mad. de Sévigné revenait à Vichy, elle serait probablement fort étonnée de ce changement ; elle le serait aussi de voir que les douches qu'on y donne sont, en général, beaucoup plus bénignes que celles qu'elle y prenait et qui la mettaient au supplice pendant une demi-heure ; elle se demanderait pourquoi les baigneurs ne boivent pas à longs traits, ainsi qu'elle se plaisait à le faire pour son plus grand bien ; elle regretterait peut-être la disparition de ces jolis *bonnets à bascule* dont se paraient les belles du pays, et se

---

pour le bain ou la douche, selon la nécessité, et que les médecins le jugent à propos : dont les effets sont d'échauffer, de refondre et de vuider par transpiration les humeurs contenues dans les parties affligées, où nous voyons *tous les jours guérir* les paralysies et *les douleurs de rhumatismes.* »

désolerait de ne point voir de paysans danser la bourrée (1) dans les champs. Ce serait pour elle une nouvelle et belle occasion de constater les effets du temps, « ce vrai brouillon qui donne, ôte met, remet, range, dérange, imprime, efface, approche, éloigne et rend toutes choses bonnes et mauvaises et quasi toujours méconnaissables. » (let. du 24. nov. 1675).Elle ne reconnaîtrait certainement pas dans notre ville moderne son Vichy du XVIIe siècle ; mais, par contre, elle retrouverait la campagne bourbonnaise à peu près telle qu'elle l'avait connue, cette campagne où elle se plaisait

---

(1) Il y a une cinquantaine d'années, la bourrée était encore considérée comme la danse par excellence dans toute la région comprise entre Vichy et Thiers. On en distinguait plusieurs variétés — la *plate* (région de Thiers),la *giatte* (région de Giat) la *montagnarde*, etc.— qui toutes se dansaient au son de la vielle, de la cabrette, sorte de cornemuse, et même du flageolet ; et c'était un charme de voir les couples se trémousser, avancer, reculer, tourner, les hommes marquant la mesure d'un coup de pied vigoureux, ou manifestant leur gaîté par un cri particulier, qui, lorsqu'il était bien poussé, manquait rarement de soulever un rire général. Cette danse si gaie, si pittoresque, si dégagée d'allure et si nettement rythmée, est allée rejoindre les choses du passé, de même que les vielles, les musettes et les riches coiffes en dentelles dont se paraient les femmes du pays. (Voir sur la bourrée : 1º Louis BRÉHIER, *L'Auvergne*, Paris, 1912, pp. 101-102, 200-207 ; 2º H. LECOQ, *Description pittoresque de l'Auvergne*, 1836, pp. 25-30).

tant, et que nous avons la faiblesse de croire aussi délicieuse qu'elle a bien voulu le mander à Mad. de Grignan.

Son séjour à Bourbon-l'Archambault (1)

Le deuxième séjour de Mad. de Sévigné à Vichy, avait eu pour résultat de consolider une santé déjà presque parfaite. Elle revint enchantée des eaux de notre station thermale, et, lorsqu'elle « débarqua » à Paris, ses amis eurent la joie de la trouver plus belle, plus fraîche et plus rayonnante que jamais. Aussi, pendant les quelques années qui suivent, n'est-il plus question de rhumatisme, ni de maux d'aucune sorte (2) dans ses lettres à sa fille ; et l'on se surprendrait presque à le regretter, tant elle a su en parler avec esprit et bonne hu-

---

(1) Conférence faite en Décembre 1924.

(2) Il va sans dire qu'elle ne fut pas exempte de ces indispositions passagères auxquelles n'échappe aucun de nous. Voir, par exemple, sa lettre à Guitaut, du 15 nov. 1677.

meur, si l'on ne s'apercevait aussitôt qu'elle n'a fait que changer de corde, et que les airs qu'elle joue maintenant sur « sa santé parfaite », sont tout aussi intéressants, mais moins longs en général, et plus espacés, que ceux qu'elle a joués pendant deux ans sur son rhumatisme. Le thème a changé, l'habileté de l'artiste reste la même, et le plaisir du lecteur continue.

Lorsqu'une femme, quelque belle qu'elle soit, se montre à nous toujours habillée de la même manière, et parée des mêmes ornements, elle nous produit une impression de moins en moins favorable, et finirait peut-être, avec le temps, par nous devenir indifférente, tant il est vrai que l'uniformité dans la beauté ne saurait durer longtemps, sans engendrer le désir d'y voir introduire quelque variété.

Il en est exactement de même pour les idées. Prenons, comme exemple, une idée excellente entre toutes, l'idée de santé parfaite. Si, dans nos lettres, nous exprimons cette idée toujours de la même manière, si nous disons : ma santé est parfaite... ; Quant à ma santé, elle est excellente... ; Ne vous inquiétez pas de ma santé, elle est très bonne, etc., le renseignement donné est évidemment toujours bien accueilli ; mais celui qui le reçoit, — surtout si c'est une personne cultivée, — y trouve, à la longue, un je ne sais quoi de stéréotypé qui en amortit l'effet. La façon de dire que l'on se porte bien, n'est pas tout à fait indifférente à celui à qui l'on écrit, de même que la façon de s'habiller n'est pas tout à fait indifférente à celui à qui l'on veut plaire ; en toute chose, il y a la manière ; et Mad. de Sévigné le sait à merveille. Elle soigne cette idée de santé parfaite, tout comme une jolie femme soigne sa beauté ; elle la revêt tantôt d'une toilette, tantôt d'une autre, et chaque fois la toilette est seyante, parce que Mad. de Sévigné a fort bon goût. On dirait qu'il y a dans son cerveau un certain recoin aussi riche en expressions variées que l'est la garde-robe d'une coquette, et qu'elle y puise sans le moindre effort, et le plus naturellement du monde, les draperies, les bijoux et les parures dont elle a besoin pour donner à son idée le piquant et l'attrait de la nouveauté. En voici quelques exemples. Je vais les lire sans commentaires, car il faudrait s'arrêter presque à chaque mot, et cela m'entraînerait un peu trop loin de mon sujet :

« Ma santé est parfaite ; si elle n'était pas comme elle est, elle ne serait pas bien. » (15 oct. 1677).

« Que n'avez-vous un peu de ma grande santé ! Je ne vous en dis rien, parce qu'elle va toute seule. » (25 déc. 1679).

Après avoir dit que les lectures de Mad. de Grignan sont trop épaisses et que c'est un malheur d'être si solide et d'avoir tant d'esprit, car on ne s'en porte pas mieux, elle ajoute : « Ma santé me fait honte, et il y a quelque chose de sot à se porter aussi bien que je fais : ma santé est encore au-delà de la médiocrité de mon esprit. Je trouve quelquefois que je mériterais au moins, quelque légère incommodité ; je voudrais, pour votre soulagement, et pour mon honneur, avoir quelques-unes des vôtres. » (17 mai 1680).

« Plût à Dieu que l'on pût faire un commerce de santé ! Je vous donnerais beaucoup de la mienne sans m'incommoder. » (22 sept. 1680).

Bien qu'elle souffre d'une plaie à la jambe elle dit : « Ma machine n'est point encore entamée, ni dépérie, et jamais elle n'a paru mieux faite qu'en soutenant tous les maux qu'on m'a faits. Vous savez que je ne fais point la jeune, je ne le suis nullement ; mais je vous assure que je pourrais encore dire comme vous disiez à la Mousse : « La machine se démanchera ; mais elle n'est pas encore démanchée. » (22 juillet 1685).

Ces exemples (1), — que j'aurais pu multiplier,

---

(1) Après son séjour à Bourbon, Mad. de Sévigné continuera pendant plusieurs années, ces sortes de variations sur sa « belle »,sa « forte », sa « grande », sa « triomphante santé. » Voir, en particulier, les lettres du 8 nov., du 22 nov. et du

— nous donnent un petit aperçu de la manière
dont Mad. de Sévigné sait broder sur une idée,
mais aussi — et c'est où je voulais en venir, — ils
nous montrent qu'elle avait recouvré sa belle santé
d'autrefois. « La machine, » selon son expression,
ne se démanchera que huit ans après son deuxième
séjour à Vichy ; et naturellement, pendant cette
période bienheureuse de huit années où elle n'eut
que faire des eaux miraculeuses qui l'avaient si
bien soulagée en 1676 et en 1677, elle cessa, à peu
près complètement, de parler dans ses lettres, de
notre station thermale. Les villes d'eau, en effet,
ont cela de commun avec les médecins, qu'elles
font surtout l'objet de nos conversations lorsque
nous avons, ou croyons avoir, besoin d'elles.

C'est en 1685 que les choses commencent à
changer. Se trouvant dans sa propriété des Rochers, près de Vitré, en Bretagne, elle se fit, un
jour, une écorchure à la jambe ; cette écorchure,
mal soignée, s'envenima, devint une plaie, et la fit
souffrir pendant sept ou huit mois. Comme les
eaux de Vichy n'étaient nullement spécifiques à
son mal, elle se contenta de s'adresser aux Capu-

---

6 déc. 1688 ; du 24 janv., du 23 fév., du 1er juin, du 5 juin,
du 8 juin, du 15 juin, du 29 juin, du 7 sept., du 26 oct., du
2 nov. 1689 ; du 8 janv., du 19 fév., du 25 juin 1690.

cins de Rennes (1) qui lui prescrivirent des remèdes
étranges qu'elle fit le plus sérieusement du monde.

En 1686, elle eut une alerte beaucoup plus vive :
vers la fin du mois de Mars, en effet, « sa belle et
triomphante santé » fut attaquée par des coliques

---

(1) Ces Capucins étaient au nombre de deux, le P. Rousseau
et son compagnon. Le P. Rousseau avait été longtemps dans
le Levant, et il en avait rapporté des préparations médicinal
qui lui valurent une grande réputation ; le roi le nomma mên
son médecin, et plaça les deux capucins sous la protectio
du duc de Chaulnes qui les emmena à Rennes où Mad. de
Sévigné alla les consulter. Ils lui conseillèrent : 1° de prendre
de l'essence ou esprit d'urine. Un jour, elle en prit huit goutt
— dose recommandée — mais contre son ordinaire, cette
essence l'empêcha de dormir toute la nuit ; 2° d'appliquer
sur sa jambe du sang de lièvre couru, et aussi une eau d'éme-
raude si agréable que, si elle ne l'avait pas mise sur sa jambe,
elle l'aurait mise sur son mouchoir ; 3° d'appliquer certaine
herbes sur sa jambe, de les enlever au bout d'une demi-heu
et de les enterrer. Il paraît qu'à mesure que ces herbes por
rissaient, la jambe guérissait. Elle faisait ce traitement de
fois par jour. « Riez-en, si vous voulez », dit Mad. de Sévign
« la partie malade sue et s'amollit... et ma jambe guéri
Je ne crois pas qu'on puisse guérir plus agréablement un mal.
C'est dommage que vous n'alliez conter cela à des chirur
giens ; ils pâmeraient de rire ; mais moi, je me moque d'eux.

Un autre remède que les Capucins recommandaient comme
excellent, était de la poudre d'yeux d'écrevisse.

(Voir lettres du 5 nov. et du 15 déc. 1684 ; du 29 avril, du
13 juin, du 1ᵉʳ juillet et du 8 juillet 1685).

composées de bile et de néphrétique, et surtout par un rhumatisme. Or, vous vous rappelez la peur que lui causait le seul mot de rhumatisme ! (1) Quand à la chose elle-même, elle n'aurait pas hésité à traverser la France entière pour s'en débarrasser (2). Aussi, songea-t-elle sérieusement, pendant quelque temps, à retourner à Vichy ; elle annonça même, — probablement au propriétaire de l'hôtel où elle devait descendre — qu'elle y arriverait au mois de Septembre. (3)

Aux remè des que lui prescrivaient les Capucins de Rennes, il faut ajouter : 1º Ceux que lui envoyait sa fille, surtout une poudre de sympathie et un certain onguent qu'elle qualifie *d'aimable* ; et 2º ceux qu'elle puisait dans la *boutique* de la bonne princesse de Tarente. Sur les conseils de cette dernière, elle s'adressa même à une bonne femme de Vitré, du nom de Charlotte qui, avec des pains de rose trempés dans du lait doux bouilli et des compresses de vin blanc, lui refit, en très-peu de temps, une jambe charmante, *une jambe à la Sévigné.*, (22 juillet 1685).

(1) « C'est un mal que j'honore beaucoup, et dont le nom seul me fait trembler. » (18 juin 1676).

(2) « Les douleurs (que mon rhumatisme me fait souffrir), me feraient courir cent lieues pour les éviter. » (15 mars 1676). « La crainte d'avoir encore une fois en ma vie un rhumatisme, me ferait faire plus de chemin que de Paris à Vichy. » (4 mai 1676).

(3) Voir sa lettre à Bussy du 29 juin et celle de Bussy du 23 juin 1686.

Heureusement, sa crise rhumatismale fut beaucoup moins grave qu'elle ne craignait ; ce ne fut, en somme, qu'une fausse alerte : elle souffrait du bras gauche, on lui pratiqua une saignée sur le bras droit, (1) et le mal disparut comme par enchantement. Mais la disparition du mal, entraîna malheureusement l'abandon de son projet ; je dis malheureusement, car un troisième séjour de Mad. de Sévigné à Vichy, nous aurait valu une troisième série de ces lettres admirables où elle a jeté, au courant de la plume, ses impressions sur notre province.

Enfin, l'année suivante, Vichy revint de nouveau sur le tapis, mais avec un concurrent très sérieux qui ne tarda pas à l'emporter sur lui, je veux parler de Bourbon-l'Archambault.

Nous sommes au 20 sept. 1687. Mad. de Sévigné, sans en avoir rien laissé soupçonner à l'avance, a quitté Paris depuis quatre jours, et se trouve à Nevers, en route pour le Bourbonnais, où elle va faire une troisième saison.

Mais, direz-vous, comment se fait-il que nous n'apprenions son voyage en Bourbonnais que lorsqu'il est déjà commencé depuis quatre jours ? Pourquoi ne nous en parle-t-elle pas à l'avance,

---

(1) Voir lettre du 14 mai 1686.

et avec force détails, comme elle l'a fait pour ses deux précédents voyages ? Oh, pour une raison bien simple: C'est que, depuis deux ans déjà (depuis Septembre 1685), elle avait le bonheur de loger sa fille chez elle, à l'Hôtel Carnavalet, dans cette « belle et grande maison, » qu'elle avait louée pendant son deuxième séjour à Vichy, et que, naturellement, elle s'était bornée à lui communiquer oralement ce qu'en d'autres circonstances, elle n'eût pas manqué de lui mander par lettres.

Mais, si son commerce épistolaire avec sa fille était momentanément interrompu, il ne l'était pas avec son cousin Bussy Rabutin, avec qui elle s'épanchait assez librement. Et alors, pourquoi ne lui en souffle-t-elle pas le moindre petit mot, surtout dans la lettre qu'elle lui écrit le 2 septembre, c'est-à-dire quinze jours avant son départ ? (1) La vérité est que, si elle ne lui en dit rien, c'est qu'elle ne pouvait rien lui en dire, attendu qu'elle n'avait pas encore formé le projet de se rendre en Bourbonnais. Ce troisième voyage dans notre

---

(1) Dans cette même lettre, elle l'engage à venir à Paris : « Si vous venez ici, nous causerons à l'infini... oubliez mes sots rais onnements et venez... »

Si son voyage en Bourbonnais avait alors été décidé, il est clair qu'elle n'aurait pas engagé son cousin Bussy à venir à Paris sans lui dire qu'elle serait absente de cette ville pendant plusieurs semaines, à partir du 15 septembre.

province, en effet, semble avoir été décidé et entrepris en quelque sorte au pied levé, et dans des circonstances particulières qu'il convient d'exposer brièvement ici.

Le 29 août, elle fit une perte qui affecta profondément son cœur sensible à l'excès : elle eut « la tristesse de voir mourir, après une longue maladie », son cher oncle, l'abbé de Coulanges, « envers qui elle avait des obligations infinies » et qu'elle aimait presque à l'égal de sa fille. « Elle sentit vivement la perte de cette agréable source de tout le repos de sa vie ; elle le pleura amèrement », et se trouva à tel point désemparée, qu'elle songea, — peut-être le lui conseilla-t-on, — à changer de milieu, afin de se distraire des idées infiniment noires et tristes où l'avait plongée la mort de son oncle (1). C'est alors que Vichy, où

(1) Lorsque Bussy apprit la mort du Bien Bon, il ne put s'empêcher d'être alarmé en songeant à la douleur que cette mort avait dû causer à Mad. de Sévigné : « Je craignais que la douleur de la perte que vous veniez de faire, jointe à votre rhumatisme, ne fut un dangereux mal pour vous ; et la réflexion que je faisais sur ma crainte extraordinaire, me paraissait d'un méchant augure, et augmentait mes alarmes : *ma peur me faisait peur.* »

La lettre où Mad. de Sévigné lui apprend cette mort, est l'une des meilleures qu'elle ait écrite : elle y exprime sa douleur et sa gratitude avec une noblesse et une simplicité vraiment impressionnantes.

elle avait passé jadis de si agréables moments, lui sourit de nouveau ; et elle se décide d'autant plus volontiers à y retourner, qu'elle est légèrement souffrante, et croit que, si les eaux ne la soulagent pas moralement, elles « guériront tout au moins » les maux physiques dont elle se plaint. Elle y fera une cure physique certaine, tout comme autrefois, et peut-être une cure morale, car l'air de Vichy et la beauté de ses paysages sont très propres à redonner à ceux qui l'ont perdue, cette tranquillité d'esprit sans laquelle on ne saurait vraiment goûter le plaisir de vivre.

C'est dans cet espoir qu'elle quitta Paris le 16 septembre, après des préparatifs faits à la hâte. Son voyage, « ayant donné envie » à son amie, la duchesse de Chaulnes, à qui l'on conseillait les eaux de Bourbon, elles convinrent de faire route ensemble jusqu'à Nevers, puis de se séparer pour aller l'une à Bourbon, l'autre à Vichy.

La première partie du voyage s'accomplit le plus heureusement du monde. Mad. de Grignan qui, toujours inquiète au sujet de sa mère, avait craint pour elle la pluie et le froid, et avait même au moment de son départ, « accusé le temps de trahison », ne dut pas tarder à « faire des excuses à ce dernier, car jamais, je dis jamais, il n'en fut un plus parfait, plus solide et plus sincère. »

Et puis, le carrosse roulait sur des routes « où

l'on n'arrêtait pas un seul moment », sur des routes « larges, agréables, délicieuses » qui ressemblaient à « des mails ou à des promenades », et qu'on aurait pu comparer au chemin de Paradis si ce chemin, comme chacun sait, n'était par trop « étroit et laborieux. »

Les Intendants, à qui l'on devait ces « merveilles, » s'étaient vraiment surpassés, et je vous laisse à imaginer les louanges que nos deux voyageuses ne cessèrent de leur adresser. (1)

A Nevers, se produisit une chose assez inattendue, mais qui montre bien que Mad. de Sévigné ne se préoccupait pas outre mesure de sa santé physique, et recherchait plutôt des consolations que des remèdes : elle résolut d'abandonner Vichy, et de se rendre à Bourbon. (2)

Mais que va dire Mad. de Grignan de cette décision prise subitement, en cours de route, sans consulter personne, pas même un médecin ? Ne va-t-elle pas pousser les hauts cris, et lui reprocher d'avoir, comme une étourdie, lâché la proie pour l'ombre ? C'est visiblement ce qui préoccupe Mad. de Sévigné. Aussi, s'efforce-t-elle, dans la lettre

____

(1) « Les Intendants ont fait des merveilles, et nous n'avons cessé de leur donner des louanges. »

(2) En réalité, c'est avant d'arriver à Nevers qu'elle prit la décision d'aller à Bourbon, et elle en informa sa fille dans

qu'elle lui écrit de Nevers, le jour même, et dans celle quelle lui écrira le lendemain de son arrivée à Bourbon, de lui montrer qu'elle a agi le plus sagement du monde.

Naturellement, ce n'est pas une démonstration en règle que fait Mad. de Sévigné ; elle aurait par trop l'air de vouloir se justifier ; et puis, son esprit essentiellement primesautier, se plierait mal à cette façon rigide et formelle de procéder ; au lieu donc de s'astreindre à classer ses raisons, à graduer ses arguments, comme le ferait un avocat plaidant une cause, elle les jette au hasard, çà et là, au courant de la plume et sans y insister ; mais si nous prenons la peine de les ordonner, de les ranger, pour ainsi dire, en ordre de bataille, et d'en dégager tout ce qu'ils ont de sous-entendu, nous ne tardons pas à nous apercevoir qu'avec son air de ne pas y toucher, elle a dit tout ce qu'il fallait dire. Au reste, jugez-en vous-mêmes.

Bourbon est plus près de Nevers que Vichy ; y aller, c'est s'épargner un ou deux jours de voyage, c'est-à-dire un ou deux jours de fatigue, car voyager est toujours fatiguant, même par les plus belles routes du monde.

---

une lettre qui ne nous est pas parvenue. C'est ce qui ressort nettement de la lettre qu'elle lui écrivit de Nevers, le 20 septembre.

C'est aussi avoir « la certitude » d'attendre moins longtemps le plaisir de revoir et d'embrasser sa fille, puisqu'elle commencera, et par suite finira sa saison plus tôt...

Quant à sa santé, objet des préoccupations constantes de Mad. de Grignan, elle n'y perdra absolument rien, attendu que « l'eau de Bourbon ressemble tout à fait, quoi que l'on dise, à celle de Vichy », et par conséquent, produira sur elle les mêmes effets.

D'autre part, — et je crois bien que c'est là sa raison principale, — elle n'aura pas à se séparer de Mad. de Chaulnes ; « le petit bateau », selon sa pittoresque expression, « restera attaché au grand », et n'aura qu'à se laisser conduire ou remorquer.

Jugez de « quelle commodité » ce sera pour elle, sans compter qu'elle est sincèrement attachée à cette bonne duchesse, et qu'elle a déjà trouvé en son agréable compagnie, un peu de cette tranquillité d'esprit dont elle a tant besoin.

Et puis, elle est frappée de voir les choses s'arranger de façon à lui faciliter son voyage à Bourbon. Depuis qu'elle a décidé de l'entreprendre, en effet, une Madame Ferret qu'elle connaît, « a envoyé à Mad. de Chaulnes celui qui les logera, » pour leur dire qu'elles peuvent accourcir leur voyage de deux jours (1) si, au lieu de passer par Moulins, comme elles en avaient l'intention, elles prennent un certain chemin qu'il leur indique. Ainsi, au lieu d'aller à Moulins et puis à Bourbon, elle ira en une seule journée, droit à Bourbon, car elle n'aura que dix lieues (2) à faire ; et voyez quelle avance ! sans compter qu'elle aura pour guide le propriétaire même de l'hôtel où elle doit descendre. On dirait vraiment, — et Mad. de Sévigné a tout l'air d'en être persuadée, — « que la Providence la conduit par la main en tournant les volontés et faisant les liaisons qu'elle fait ». Or, on doit se soumettre à la Providence, n'est-il pas vrai ? et ne pas aller à Vichy lorsque, manifestement, elle veut qu'on aille à Bourbon.

Cela étant, qui donc oserait la blâmer de se

______

(1) Mad. de Sévigné exagère, probablement pour les besoins de sa cause. En ne passant pas par Moulins, elle n'accourcissait son voyage que d'*un* jour, et non de deux jours comme elle le dit. La distance de Nevers à Bourbon est de 19 lieues par la route ordinaire qui passe par Moulins, et de 10 lieues, au moins, par le chemin qu'elle prit.

(2) Ici encore, Mad. de Sévigné ne dit pas exactement la vérité. Ces « dix lieues », en effet, ainsi qu'elle le dit dans la première lettre qu'elle écrit de Bourbon, étaient bel et bien « quatorze lieues toutes des plus longues. »

rendre à Bourbon ? « M. Fagon (1), si elle l'avait consulté, l'y aurait envoyée. » Mais que parle-t-elle de M. Fagon ? Sa fille elle-même, si elle était à Nevers, lui dirait : « Allez-y, la Providence le veut. »

Enfin, pour amadouer Mad. de Grignan et l'amener à accepter de bonne grâce le fait accompli, elle lui dit, ou semble lui dire : Certes, j'aurais aimé vous demander votre avis oralement ou par écrit, malheureusement, la chose, vous le voyez, est impossible. Mais soyez bien persuadée que j'ai fait tout ce que je pouvais faire en la circonstance, pour vous montrer ma docilité : « Je n'ai cessé de vous consulter *intérieurement* ; et il m'a semblé vous entendre dire : oui, ma bonne, c'est ainsi qu'il faut faire ; vous ne sauriez vous conduire autrement. »

Il y a, vous le voyez, d'excellentes parties dans cette justification de Mad. de Sévigné ; prétendre avoir reçu l'approbation de sa fille, comment dirai-je ? par télépathie, est une trouvaille digne d'un

------

(1) Gui-Crescent Fagon (1638-1718) avait alors le titre de premier médecin de la feue Reine. En 1693, il devint premier médecin du Roi. Il avait soigné Mad. de Grignan en Mai 1678. Mad. de Sévigné avait une grande confiance en lui. Voir l'éloge qu'elle en fait dans sa lettre du 27 mai 1678. Voir aussi la page remarquable que Saint-Simon lui a consacrée dans ses *Mémoires* (tome Ier, pp. 110-111).

diplomate ; mais il en est d'autres d'une faiblesse extrême : affirmer, par exemple, que les eaux de Bourbon ressemblent tout à fait à celles de Vichy, c'est manifestement dire une contre-vérité pour les besoins d'une cause, et présumer un peu trop de la crédulité de Mad. de Grignan. Cette dernière, en effet, se garda bien de donner dans une erreur aussi évidente, et comme elle estimait que les eaux de Vichy étaient nécessaires à sa mère, elle « ne cessa de la blâmer de ne point s'être séparée de Mad. de Chaulnes à Nevers. »

Force fut donc à Mad. de Sévigné de revenir à la charge, et elle le fit à diverses reprises, et un peu à bâtons rompus, selon son habitude. Et d'abord, elle tient à ce que sa fille sache bien que si elle est allée à Bourbon, c'est qu'elle l'a bien voulu, et que Mad. de Chaulnes n'a nullement cherché à limiter sa liberté d'agir. Ensuite, elle déclare qu'elle ne fit jamais mieux que de ne point vouloir aller à Vichy ; et, ainsi que vous allez le voir, elle ne manque pas de bonnes raisons pour prouver son dire. Naturellement, elle abandonne l'hérésie qui consistait à assimiler les eaux de Bourbon à celles de Vichy ; mais c'est pour les porter aux nues : « elles l'emportent », dit-elle, « de mille lieues, si l'on en croit les médecins » ; et elle s'en trouve si bien après en avoir pris pendant deux jours, qu'elle ne saurait demander mieux. Certes, elle a bien soupiré de ne point revoir

Vichy ; mais les chemins étaient devenus si étranges, surtout vers Varennes, qu'elle ne sait pas bien comment elle aurait fait avec son équipage, pour arriver ; de sorte qu'elle doit s'estimer heureuse d'avoir échappé aux fatigues et aux dangers d'un pareil voyage. C'est Dieu évidemment, qui l'a inspirée, et « Dieu fait bien ce qu'il fait. »

D'ailleurs, à quoi bon aller à Vichy puisqu'on peut prendre les eaux de Vichy à Bourbon même, à condition naturellement de les y faire venir ? C'est ce que font beaucoup de baigneurs, et c'est précisément ce qu'elle a fait elle-même pendant huit jours.

Mais, dira-t-on, ne serait-il pas nécessaire, étant donné son état de santé, qu'elle boive de l'eau de Vichy non pas pendant huit jours et loin des sources, mais pendant une saison entière, et à Vichy même ? A cette double objection qu'elle semble avoir prévue, Mad. de Sévigné répond : huit jours me suffisent, car il s'en faut bien que je n'aie le même besoin que j'avais il y a dix ans des eaux de Vichy. D'autre part, bien que je m'en sois servie à Bourbon même, j'en ai fait tout l'usage que je pouvais désirer, car elles m'ont purgée autant que je puis l'être. (1) Ainsi, pendant son

---

(1) Un avocat qui sait son métier, n'aurait pas mieux plaidé. Mad. de Sévigné possédait à un suprême degré, l'art de con-

séjour à Bourbon, Mad. de Sévigné compte pouvoir faire d'une pierre deux coups : jouir de tous les bienfaits qu'elle pouvait espérer d'une cure à Vichy, et de tous les bienfaits que peut procurer une cure à Bourbon.

Mais n'anticipons pas sur son traitement, et revenons à Nevers où nous l'avons laissée, le 20 sep-

---

vaincre ses correspondants, de les amener à penser comme elle, ou à faire ce qu'elle désirait qu'ils fissent. En voici deux exemples :

Lorsque le comte de Grignan épousa Mademoiselle de Sévigné, il ne voulut pas écrire à Bussy Rabutin pour lui faire part de son mariage, et Bussy s'en trouva, à juste titre, très vivement froissé. Mais Mad. de Sévigné fit tant et si bien, — et la chose n'était pas facile, étant donné le caractère hautain et orgueilleux de Bussy — qu'elle l'amena non seulement à excuser le comte de Grignan, mais encore à « renverser tout l'ordre gothique des familles en lui faisant écrire un compliment le premier. » Voir les lettres échangées à ce sujet, avec son cousin Bussy, du 16 mai au 12 août 1669 ; voir également ce qu'en dit P. Mesnard dans *Les Grands écrivains de France, Madame de Sévigné*, tome I, pp. 107-109.

Le second exemple n'est pas moins frappant. Le comte de Grignan partit pour son gouvernement de Provence en Avril 1670. Comme il avait laissé momentanément sa femme à Paris, le plus grand désir de Mad. de Sévigné était de l'y garder le plus longtemps possible, sans mécontenter le comte de Grignan.

Les onze lettres qu'elle lui écrivit du 25 juin 1670 au 16 janv. 1671, montrent avec quelle habileté elle obtint ce double ré-

tembre, toute heureuse d'avoir appris par l'envoyé de Madame Ferret, qu'elle n'avait que dix lieues à faire pour se render à Bourbon.

Elle partit le lendemain et y arriva en un jour, comme on le lui avait promis. « Mais quel jour ! quelles dix lieues ! On marcha depuis la pointe du jour jusqu'à la nuit fermée, sans arrêter que deux heures, juste pour dîner ; une pluie continuelle, des chemins endiablés, toujours à pied, de peur de verser dans des ornières effroyables » ; évidemment, les intendants n'avaient pas passé par là ; et ces dix lieues faites dans de pareilles conditions, lui parurent d'autant plus longues, qu'elle venait de voyager « pendant cinq jours délicieux, éclairés de soleil, à travers un pays et sur des chemins faits exprès » ; enfin, tant bien que mal, on finit par atteindre Bourbon. Elle y fut reçue par Madame Ferret, et s'installa, ainsi que Mad. de Chaulnes, dans l'hôtel qu'avaient occupé Mad. de Montespan, Mad. d'Uzès et Mad. de Louvois.

Voilà donc Mad. de Sévigné « commodément logée », dans le plus bel hôtel de Bourbon, et —

---

sultat : sa fille resta près d'une année auprès d'elle, et le comte fut si bien amadoué qu'il ne semble pas avoir manifesté le moindre mouvement d'humeur. « Nous recommandons », dit P. Mesnard, « à ceux qui publient des *Lettres choisies de Madame de Sévigné*, ces lettres à M. de Grignan, pour en faire un petit recueil à l'usage des belles-mères. »

chose qu'elle appréciait plus encore — à côté de son amie, la bonne duchesse de Chaulnes, qui prenait d'elle des soins infinis, et veillait sur sa santé tout comme l'aurait fait Mad. de Grignan elle-même. Elle était venue à Bourbon « avec plaisir et même avec confiance », confiance pleinement justifiée, au reste, par la très grande renommée dont jouissaient alors les eaux de Bourbon : les pauvres y accouraient nombreux, et les gens du monde s'y donnaient rendez-vous (1).

---

(1) Une grande animation régnait alors à Bourbon pendant la saison d'été. « La noblesse, parfois opulente, toujours prodigue, enrichissait le pays. Et comme elle était charitable aussi, les malheureux y trouvaient leur compte. Les indigents faisaient irruption par toutes les routes, de très loin, pour avoir part aux fréquentes largesses : un véritable exode dont rien ne peut plus donner une idée. Ce n'est pas une exagération ; pour s'en convaincre, il suffit de se reporter à une déclaration faite en Février 1790, par l'abbesse de St-Menoux (Registres municipaux de cette commune et la Révolution à St-Menoux, p. 51). Elle y explique que son couvent, se trouvant sur la route de Moulins, avait à hospitaliser à leur passage « un grand nombre de pauvres de toute espèce, qui se rendaient tous les ans à Bourbon des quatre coins du royaume, pour y prendre les eaux dans les saisons convenables. » Cette note relate un état de choses qui existait certainement au siècle précédent. » (E. DELAIGUE, *Les Deux Légendes de Bourbon*, par Scarron, pp. 7-8, Bourbon-l'Archambault, Librairie Paul Gilte).

Si l'on veut se faire une idée du nombre des personnages de

Elles étaient célébrées en vers (1), surtout par des poètes bourbonnais, tels que Bournier, Billard

---

marque qui s'y rendaient chaque année, on n'a qu'à lire les *Deux Légendes de Bourbon*, par P. Scarron ; on y verra que

> « Ceux qui quand il y but y burent,
> Et tandis qu'il y fut y furent »,

en 1641 et en 1642, auraient suffi à animer le petit bourg qu'était alors Bourbon-l'Archambault. Et encore, ne les cite-t-il pas tous, car il ajoute :

> « De crai nte que notre Légende
> Ne soit fâcheuse étant trop grande
> Je laisse à parler de plusieurs
> Tant damoiselles que messieurs. »

Quant aux gens du commun dont « il ne fait nul compte », et qui y sont en nombre considérable, il les englobe tous dans le même mépris :

> « Hommes et femmes de campagne...
> ...Hommes et femmes de Paris,
> Sottes femmes, vilains maris,
> Hommes à la barbe touffue,
> Femmes à gorge mamelue....
> Des vrais visages de canards,
> Mauvais plaisants, francs goguenards, »

forment, d'après lui, « une troupe malsaine,

> Dont très putréfaite est l'haleine, »

et qui « n'est pas trop agréable à voir. »

(1) Ces vers sont , en général, assez médiocres. En voici un exemple ; c'est la fin d'un sonnet adressé par Bournier à son compatriote, J. Aubery :

> » Ceux d'Encausse et Barège et Bagnères sont bons,
> Que la Gaiscogne voit, mais nos Bains des Bourbons,

de Courgenay, de Lingendes ; des savants, comme
le docteur Aubery (1), le docteur Pascal, Isaac
Cathier, en faisaient l'objet de sérieuses études,

Et de nom et d'effet emportent la couronne.
On a veu leurs effets, en mainct corps peu zélé,
Au service du Roy, de qui le cœur gelé,
Ores pour son honneur, et sa gloire bouillonne. »

Dans le post-scriptum d'une de ses lettres à Racine, Boileau
dit qu'il eut l'occasion de voir quelques-uns de ces vers ; mais
il les trouva si méchants, qu'il ne put s'empêcher de faire
aussitôt cette épigramme qu'il adressa à la fontaine même
de Bourbon :

» Oui, vous pouvez chasser l'humeur apoplectique,
Rendre le mouvement au corps paralytique,
Et guérir tous les maux les plus invétérés ;
Mais quand je lis ces vers par votre onde inspirés,
Il me paraît, admirable fontaine,
Que vous n'eûtes jamais la vertu d'Hippocrène ».

(Voir RACINE, *Grands Ecrivains de France*, tome VI, p. 549).

(1) Jean Aubery, nommé en 1609 intendant des eaux minérales du Bourbonnais, d'Auvergne, de Bourgogne et du
Forez, était médecin de Mgr le duc de Montpensier.

En tête de son traité sur les *Bains de Bourbon-Lancy et de
Bourbon-l'Archambault*, se trouvent deux sonnets à lui,
adressés, l'un par Piard d'Infrainville, l'autre par Bournier,
et qui montrent qu'il ne péchait guère par la modestie :

...« Pauvres corps affligez par sort ou par nature,
Allez dedans ces Bains despouiller votre ordure,
Visitant Aubery pour un plus grand repos,
Car si après ces eaux comme après le Déluge,
Quelque mal se rpentin restait dedans vos os,

vantaient leurs vertus thérapeutiques et signalaient leur renommée mondiale. « Ce sont les plus visitées et fréquentées de France », affirme Isaac Cathier, tandis que le docteur Pascal, (1) enchérissant sur cet éloge, déclare « qu'aucune eau minérale dans toute l'Europe, n'avait acquis plus d'estime, ni porté sa réputation si loin que celles de Bourbon-l'Archambault. »

Parmi les grands personnages et hommes célèbres qui, au XVIIe siècle, allèrent leur demander la santé, on peut citer : Gaston d'Orléans, frère de Louis XIII, la reine d'Angleterre, fille de Henri IV, le maréchal de la Meilleraie, Mad. de Montespan, le grand Condé, la mère et la femme de Foucquet, Mad. de Louvois, Mad. d'Uzès, l'abbé Levasseur, ami de Racine, Boileau, Scarron, etc. (2)

Cet Apollon Français serait votre refuge. »
(Piard d'Infrainville).

» Et tes doctes discours rendent tes Bains si forts,
Qu'en tous maux nous pouvons espérer allegeance. »
(Bournier).

(1) Le Dr Pascal a écrit un *Traité des Eaux de Bourbon-l'Archambault* (1699). En tête du volume se trouvent ces deux vers :

Omnia Borboniis cedant miracula thermis
Natura hic posuit quidquid in orbe fuit.

(2) « Il faudrait passer en revue toute la cour de Versailles pour énumérer les noms des grands personnages qui entreprirent un voyage à ces eaux... Aussi les habitant de cette

L'année 1687, en particulier, semble avoir été excellente pour notre station thermale : le *Mercure Galant* du mois d'Août, en effet, pages 87-96, donne une longue liste des personnes qui y étaient déjà allées prendre les eaux ; et le 21 septembre, lorsque Mad. de Sévigné y arriva, les baigneurs, malgré cette date tardive, y étaient encore fort nombreux.

L'impression que Bourbon et ses environs immédiats produisirent sur Mad. de Sévigné fut franchement mauvaise : « Je crois être dans un autre climat », écrit-elle le lendemain de son arrivée ; « un pays bas et couvert comme la Bretagne ; enfin sombre forêt où le soleil ne luit que rarement.» « On peut dire en gros de ce pays :

Qu'il n'eut jamais du ciel un regard amoureux. »

« J'aurai grand besoin de la campagne au sortir d'ici. » Et cinq jours après, le 27 sept., elle ajoute : « Hélas ! du serein, bon Dieu ! où le pourrons-nous prendre ? Il faudrait qu'il y eut de l'air. »

Ainsi, une campagne basse, morne et triste, et une ville où l'on a constamment une sensation d'étouffement, telles sont les choses qui l'ont le

---

station ont-ils encore nombre d'anecdotes à raconter sur le séjour que firent, parmi leurs ancêtres, quelques-uns de ces riches et puissants visiteurs. » Le docteur G. PERIER, *Guide aux Eaux de Bourbon-l'Archambault*. (Paris, 1870).

plus désagréablement frappée à la date du 27 septembre. Les « chemins endiablés » qu'elle avait pris pour se rendre à Bourbon, « la pluie continuelle » qu'elle avait subie, et qui, probablement, n'avait cessé que pour faire place à un temps gris et couvert, peuvent expliquer, en partie, des plaintes aussi amères, (1) mais en partie seulement, car le 7 octobre, alors que le ciel s'est éclairci et que la campagne sourit de nouveau, Mad. de Sévigné ne revient nullement sur ses impressions premières ; que dis-je ? c'est à ce moment-là qu'elle formule sa critique la plus sévère : « Nous avons ici un temps parfait » (2), écrit-elle... « quant au pays, je ne comparerai jamais le plus beau et le plus charmant du monde (elle veut parler de Vichy) avec le plus vilain (3) et le plus étouffé. »

---

(1) « Le dessus de mon humeur », dit-elle, « dépend fort du temps. » (10 nov. 1675).

(2) Deux jours après, le 9 octobre, elle écrit : « Il faut à cette heure parler du beau temps : il est enchanté ; ...il fait un chaud qui fait croire que nous sommes au cœur de l'été. »

(3) Il est curieux de voir Boileau se servir du même mot pour dire ce qu'il pense de Bourbon : « L'offre que vous me faites de venir à Bourbon est tout à fait héroïque et obligeante ; mais il n'est pas nécessaire que vous veniez vous enterrer inutilement dans le plus *vilain lieu du monde*, et le chagrin que vous auriez infailliblement de vous y voir, ne

Il nous faut donc chercher une autre raison que celle du mauvais temps, pour expliquer une opinion aussi peu flatteuse, car, de toute évidence, la région de Bourbon-l'Archambault n'est pas la plus vilaine, ni la plus étouffée qui soit au monde.

Cette raison, nous la trouverons, je crois, dans le cœur même de Mad. de Sévigné. Mad. de Sévigné, en effet, était encore sous le coup de la douleur profonde que lui avait causée la mort du Bien Bon ; (1) or, lorsqu'on souffre moralement, et sur-

---

ferait qu'augmenter celui que j'ai d'y être. » (Lettre à Racine, 13 août 1687).

Il est vrai que Boileau n'aimait guère la campagne, et se montrait, en général, assez indifférent aux beautés de la nature. D'ailleurs, ses premières impressions sur Bourbon avaient été assez favorables : « Mais franchement, le séjour de Bourbon, jusqu'ici, ne m'a pas paru si horrible que je me l'étais imaginé. J'ai un jardin pour me promener, et je m'étais préparé à une si grande inquiétude, que je n'en ai pas la moitié de ce que je croyais avoir. » (Lettre à Racine, 21 juillet 1687).

(1) C'est pourquoi, sans doute, ses lettres de Bourbon sont en quelque sorte, imprégnées de tristesse. Elle y parle d'elle-même comme jamais peut-être elle n'en a parlé : « Vous êtes trop bonne et trop appliquée à *votre pauvre maman.* » (22 septembre). « Mad. de Chaulnes ne songe qu'à vous rendre un bon compte de *ma pauvre personne,* » (9 octobre).

Si Bussy avait lu ses lettres de Bourbon, il n'y aurait pas trouvé cette gaieté qui rend d'ordinaire ses autres lettres si agréables, et il aurait pu lui dire ce qu'il lui dit en une autre circonstance : « Votre chagrin ne vous laissait tout au plus

tout lorsqu'on souffre avec l'intensité dont elle souffrait, on ne voit, généralement, que le côté sombre et désagréable des choses ; le côté riant et aimable nous échappe plus ou moins complètement. Il faut être heureux pour peindre les choses en beau ; Mad. de Sévigné ne l'était pas à ce moment-là, et c'est pourquoi elle nous les peint en laid. Si elle n'avait pas eu à déplorer la perte d'un être aussi cher, si elle se fut trouvée dans l'état d'esprit où elle était dix ans auparavant, lorsqu'elle était à Vichy, il est probable qu'elle se fut montrée moins sévère à l'égard d'une région qui n'est dépourvue ni de charme, ni même de beauté, et que le soleil, — quoi qu'elle en dise, — caresse de ses chauds et vivifiants rayons tout aussi bien que n'importe quelle autre région du Bourbonnais (1).

---

que de la raison, mais une raison sans grâces et sans ornements, et qui ressemblait à ces beautés malades en qui l'on reconnaissait encore quelques beaux traits. » (14 nov. 1688).

(1) « Bourbon est bâti au sud de l'étang dont les eaux baignent les murs du château. Le sol de ses environs est fertile : l'aspect général du pays, pittoresque, et d'autant plus riant que le paysage se trouve en quelque sorte, encadré de prairies toujours vertes. La vallée qu'arrose la Burge, petite rivière formée de l'union des eaux minérales et de celles du lac voisin, est surtout incomparable par la fraîcheur de sa végétation.

Au reste, dans ses lettres de Bourbon, nous trouvons d'autres preuves de l'influence que son état d'esprit exerça sur sa façon de penser et de sentir. Examinons, par exemple, ce qu'elle nous dit de la vie qu'on menait alors à Bourbon. A l'en croire, cette vie ressemblait étrangement à celle d'un couvent ; c'était la même uniformité et la même monotonie, avec cette différence, toutefois, qu'au lieu de consacrer sa vie à Dieu, on la consacrait uniquement à la santé. « On y fait », dit-elle, « la vie des eaux qui est tout uniforme et tout appliquée à la santé... Tout Bourbon écrit présentement ; demain matin, tout Bourbon fait autre chose : c'est un couvent. »

Il lui semble qu'une vie aussi réglée et aussi peu variée, lui enlève la faculté de penser et de sentir, et elle se représente allant machinalement par les rues, faisant et recevant des visites comme par la force de l'habitude, et sans éprouver le moindre plaisir : « si l'on osait penser ici, on serait accablé de la pensée de ce qui vous arrive ; mais on la rejette, et on est comme un automate. Notre char-

---

La Burge anime encore cette vallée par les gracieux méandres qu'elle y décrit, pendant plus de quatre lieues, avant de jeter ses eaux dans l'Allier, au port Barrau. Enfin, quelques belles forêts viennent agréablement ajouter à la variété du paysage. » (Dr G. Périer, *loc. cit.*).

rette mal graissée, reçoit et fait des visites, nous allons par les rues ; mais nous nous gardons bien d'avoir une âme ; cela nous importunerait trop pendant nos remèdes ; nous les retrouverons (nos âmes) à Paris. »

Et chose étrange de la part de Mad. de Sévigné, qui avait l'habitude d'observer, et de ne pas garder par devers elle le résultat de ses observations, elle semble ne pas s'apercevoir qu'on y mène, à côté d'elle, une vie toute différente de la sienne. Comme toutes les personnes qu'absorbe une idée fixe, elle suit, les yeux baissés, son chemin creux, sans prêter la moindre attention aux Jeux, aux Danses et aux Ris qui lui faisaient signes à droite et à gauche. On s'amusait fort, en effet, à Bourbon-l'Archambault au XVIIe siècle (1). Le beau monde,

---

(1) « La belle compagnie qui s'y trouve, serait seule capable de guérir les maux les plus obstinés. » (Lettre anonyme, citée par A. Allier, *Voyage pittoresque*, p. 204).

On y faisait bonne chère en 1642, si nous en croyons P. Scarron :

> « Ce Comte avait grand' compagnie,
> Car la table était bien garnie,
> Et tous ceux qui chez lui dînaient
> En vrai fils de louve mangeaient. »

(Seconde Légende de Bourbon).

D'après Scarron également, on y voyait des dames à la taille fort belle, parader dans les rues sous un grand parasol

nous l'avons vu, s'y donnait rendez-vous, et le beau monde, surtout à cette époque-là, avait horreur de l'ennui. Le jeu, la promenade, la conversation (1), et tout ce qui pouvait lier une aimable société, étaient des plaisirs qui n'y manquaient presque jamais. A cet égard, Bourbon-l'Archambault l'emportait certainement sur Vichy, comme il l'emportait par le nombre et la qualité des baigneurs. Mais Mad. de Sévigné n'avait cure de ces plaisirs et de ces distractions, bien qu'ils contribuassent puissamment, paraît-il, au rétablissement des malades. Elle ne sut pas, ou ne put pas s'adapter à la vie des eaux de Bourbon comme elle s'était adaptée — et avec quelle grâce ! — à la vie des eaux de Vichy. Fit-elle des promenades dans les environs (2) ? La chose est probable ; mais

----

porté par un page, et suivies de deux ou trois autres pages et d'autant de laquais.

Les choses devaient se passer à peu près de même en 1687, et Mad. de Sévigné aurait pu, si elle l'avait voulu, se divertir au spectacle éternel de la vanité et de la sottise humaines. C'est, du reste, ce qu'elle avait fait à Vichy.

(1) Et aussi le bal et le théâtre. Scarron, une quarantaine d'années auparavant, y assista à « force comédies », et bien qu'il fut le « malade majeur » de Bourbon, il ne se fit pas faute d'aller au bal. (Légendes de Bourbon).

(2) Sur « les promenades charmantes » qu'on peut faire aux environs de Bourbon, et sur « les beautés de la nature qui s'y trouvent accumulées. » Voir Dr PÉRIER, *loc. cit.*

comme elle n'en souffle mot, dans ses lettres, il est
évident qu'elle les fit machinalement, en « automate », sans y prendre le moindre intérêt. Et la
bourrée d'Auvergne qui l'amusait tant à Vichy,
alla-t-elle la voir danser le dimanche, au son de la
cornemuse, par des paysans et des paysannes, dans
les allées plantées par le maréchal de la Meilleraie ?
Je n'oserais l'affirmer, car un spectacle aussi gai
cadrait mal avec son chagrin. Elle était peu disposée à la joie ; son cœur s'y refusait ; et c'est
pourquoi la vie des eaux qu'elle mena à Bourbon,
ne fut pas celle qu'y menait généralement le beau
monde : ce fut une vie étriquée en quelque sorte,
une vie privée d'à peu près tout ce qui en faisait le
charme, et appliquée exclusivement à la santé. (1)

La santé, la sienne et celle des autres, qu'elle fût
physique ou morale, était alors sa grande préoccu-

---

(1) Quand « on est chagrin », on goûte généralement assez
mal les plaisirs et les distractions de toutes sortes qui s'offrent à nous. C'est ce qui arriva à Mad. de Sévigné, et c'est
ce qui était déjà arrivé, sept ans auparavant, à son oncle
Philippe-Emmanuel de Coulanges : « Le petit Coulanges »,
dit-elle, « m'écrit une fort plaisante lettre de la vie triste,
réglée et saine de Bourbon dont il a pensé mourir ; il tâche
un peu de s'en remettre à Paris, par les veilles, les ragoûts,
et les indigestions qu'il cherche avec soin : il est étonné d'avoir
pu résister à l'exactitude de cette vie · du reste, *le pauvre
homme était assez chagrin.* » (Lettre du 7 juillet 1680).

pation, préoccupation qui l'empêchait de voir, ce qu'en d'autres temps elle eût certainement vu. En voici deux preuves frappantes.

Parmi les nombreux baigneurs qu'elle rencontra à Bourbon, se trouvaient une demi-douzaine de personnes qu'elle connaissait déjà, et qu'elle fréquenta naturellement, car elle était, vous le savez, d'humeur essentiellement sociable. Or, — et la chose est intéressante à noter, — ce qu'elle nous dit de ces personnes se rapporte presque exclusivement à leur santé ; elle ne les a pas vues avec les yeux qui lui servaient jadis, à Vichy, à regarder la duchesse de Brissac, Mad. Pecquigny ou le chevalier de Flamarens ; elle n'a pas cherché à découvrir ce qui les caractérisait en tant qu'hommes ou femmes, mais à savoir ce dont ils souffraient ; par suite, ce ne sont pas des portraits qu'elle nous trace, mais bien des malades qu'elle nous présente ; et elle le fait aussi simplement que possible, en quelques mots, sans une ombre de malice, et sans le moindre petit sous-entendu.

Voici d'abord « le frère de Berthelot qui est dans un état déplorable : un reste affreux d'apoplexie ; » et à côté de lui, M. de Mansart « qui ne respire que de se restaurer des extrêmes évacuations de Vichy. » Puis viennent : « Mademoiselle d'Armen-

tière (1) dont l'état de langueur paraît à son dernier période » ; Madame Bel, jeune encore, « dont
les aventures et les malheurs sont pitoyables » ;
Mad. de Nangis « qui fait mourir de pitié de ses
coliques d'estomac dont elle tombe en convulsion » ;
enfin, Mad. de Fourcy qui revient de Vichy et
pense achever de se guérir à Bourbon ; la pauvre
femme ! « elle dort, ou veut dormir, trois heures
après dîner ; et pendant ce temps ses jambes sont
de laine ; elle ne se soutient que vers les quatre
heures, et c'est tous les jours à recommencer, et
elle est si contente qu'elle en fait pitié. »

Et voilà à peu près tout ce qu'elle nous apprend
sur les baigneurs qui formaient sa société habituelle. C'est évidemment un peu sec et banal, et
l'on y chercherait en vain cette verve joyeuse, et
cette ironie si fine qui caractérisent quelques-uns
de ses portraits de Vichy.

De même qu'elle ne voit dans les personnes
qu'elle fréquente que leur état de santé, de même,
dans la foule des baigneurs qu'elle coudoie tous les
jours, elle semble n'apercevoir que des apoplectiques, des estropiés et des demi-morts, parce que

-----

(1) Henriette de Conflans, dite Mlle d'Armentière. Elle
mourut à 80 ans, en 1712, sans avoir été mariée. « C'était une
fille de beaucoup de mérite, d'esprit et de vertu. » (St-Simon,
t. X, p. 180).

ces estropiés et ces demi-morts se trouvent précisément dans le chemin creux qu'elle suit. « Ce qu'il y a de fâcheux ici, » écrit-elle, « c'est de ne voir que ces sortes de malades (des apoplectiques) ; les bains en remettent quelques-uns, et laissent les autres... Il y a ici des gens estropiés et à demi-morts qui cherchent du secours dans la chaleur bouillante de ces puits ; les uns sont contents, les autres, non ; une infinité de restes ou de menaces d'apoplexie ; c'est ce qui tue. »

Oh ! je sais bien que Bourbon diffère beaucoup de Vichy à cet égard, et qu'on y voit proportionnellement, beaucoup plus d'éclopés et de gens réellement malades, mais n'empêche que si Mad. de Sévigné avait jeté un coup d'œil autour d'elle, elle aurait vu « de très saines malades » qui, fières de mille beautés, faisaient de « fréquentes incartades » (1), et aurait observé les allées et venues de maints baigneurs en quête de bonne fortune, et qui se trouvaient à Bourbon pour leur plaisir tout autant, sinon plus, que pour leur santé (2).

---

(1) Lettre   anonyme, cité par A. Allier, *Voyage pittoresque*, p. 204.

P. Scarron, dans sa *Seconde Légende de Bourbon,* nous parle d'une dame de Cantade qui n'était pas beaucoup malade. »

(2) « On allait alors à Bourbon autant pour le plaisir que pour la santé. Peut-être même, les vrais malades y étaient-ils

En somme, Mad. de Sévigné, qu'il s'agisse du pays, de la vie qu'on mène à Bourbon, des personnes qu'elle y fréquente ou des baigneurs qu'elle y coudoie, ne voit qu'une partie de la réalité, la partie la plus sombre, la plus maladive, si je puis m'exprimer ainsi, parce que cette partie s'harmonise mieux que toute autre avec l'état moral dans lequel elle se trouvait.

A Vichy, dans un pays qu'elle trouvait enchanteur, elle n'avait vu que de joyeux malades ; à Bourbon, où elle étouffe faute d'air, elle ne fréquente que des personnes dont les souffrances la font « mourir de pitié », et circule parmi des boiteux, des manchots et des paralytiques, ce qui, naturellement, devait produire sur elle un effet assez déprimant. Et cependant, — voyez comme les choses sont compliquées et paraissent contradictoires, — Mad. de Sévigné trouve dans ce spectacle qui « la tue », un réel réconfort. Que sont, en effet, les maux dont elle souffre, au prix de ceux qui s'étalent autour d'elle ? Avant de venir à Bourbon, elle était tentée de s'en exagérer la gravité ; mais maintenant, ils lui paraissent si légers, elle

---

en minorité, car il n'y en eut jamais autant d'imaginaires, la fantaisie du jour étant de se dire affligé de *vapeurs*, ce qui permettait l'affectation des airs langoureux. » (E. DELAIGUE, *Les Deux Légendes de Bourbon de P. Scarron*).

« se trouve si bien par comparaison, qu'elle pense qu'elle ne devrait jamais quitter un lieu où elle est la plus heureuse ». « Je préfère être le premier dans un petit village, que le second dans Rome », disait Jules César ; de même, Mad. de Sévigné semble être d'avis, pour l'instant tout au moins, qu'il vaut mieux « être la plus saine » à Bourbon, que d'avoir à envier la santé d'autrui dans une autre ville.

Si Mad. de Sévigné peut se dire la plus saine des baigneurs alors à Bourbon, c'est évidemment qu'elle n'est pas gravement malade. Au reste, les renseignements qu'elle nous donne elle-même, sur son état de santé, nous confirment pleinement dans cette opinion. Elle se plaint d'avoir, à la main gauche, non pas des convulsions, mais des « manières de convulsions, » c'est-à-dire quelque chose d'approchant ; d'autre part, elle déclare être incommodée, non pas par des vapeurs, (1) mais par des « visions de vapeurs, » ce qui est pour nous, comme ce devait être pour

____

(1) Ce mot était alors fort à la mode et servait à désigner « mille choses qui n'avaient pas de nom. » (Lettre du 6 juillet 1689).

A sa fille « qui ne voulait pas qu'on dise vapeurs », elle écrit : « Mais que ferons-nous si vous nous ôtez ce mot ? car on le met partout : en attendant que vous autres cartésiens, en ayez trouvé un autre, je vous demande la permission de

elle, quelque chose d'assez vague. En somme, ses maux sont légers et ne la font pas souffrir beaucoup ; mais, comme elle a déjà été fortement éprouvée une dizaine d'années auparavant, ils ne laissent pas de l'inquiéter : son imagination, qui est très vive, s'en repaît sans cesse, et lui fait craindre des complications plus ou moins graves, telle que l'apoplexie, par exemple.

Sur le conseil de Mad. de Verneuil (1), elle prit comme médecin, le docteur Amyot, dont la réputation était alors solidement établie (2), non seulement à Bourbon, où il avait soigné Boileau et Mad. de Louvois, mais encore à Paris, où il était parfois appelé auprès de quelque malade du grand monde, tel que le duc de Sully, et où, du reste, il songeait à aller s'établir. Le docteur Amyot vit immédiatement, ou crut voir, la nature de sa maladie, et la rassura sur les bienfaits qu'elle retire-

---

m'en servir »... « Tout commerce serait entièrement rompu si l'on bannissait ce mot. » (Voir lettres du 22 avril, du 11 mai et du 6 juillet 1689).

(1) Mad. de Verneuil était la fille du chancelier Séguier.

(2) Amyot, « homme qu'une capacité depuis longtemps éprouvée rendait digne de tout le bien qu'on en disait. » (Lettre anonyme citée par A. Allier).

« Amyot est homme d'esprit et me rassure fort. » (Lettre de Boileau à Racine, 19 août 1687).

rait de son séjour à Bourbon. « Tous vos petits maux, » lui dit-il, « viennent de la rate et les eaux de Bourbon y sont spécifiques : elles vous feront, pour le moins, autant de bien que celles de Vichy. » Elle sortit enchantée de la première entrevue qu'elle eut avec lui le lendemain même de son arrivée, et les jours qui suivirent ne firent que fortifier l'impression qu'il lui avait produite. Elle avait trouvé « un fort bon médecin » qui, en présence de symptômes assez vagues, avait su porter un diagnostic très net, et qui, par surcroît, lui plaisait. Elle aimait sa largeur d'esprit qui, bien qu'il fut installé à Bourbon, lui permettait de reconnaître l'excellence des eaux de Vichy ; (1) elle vante sa prudence lorsqu'il s'agit de recourir à des pratiques ou à des remèdes violents ; elle le loue de se laisser guider par la raison, de donner le pourquoi de ses prescriptions, de chercher à convaincre le malade que le traitement qu'il propose est le meilleur parce que basé sur la logique et le bon sens ; elle l'approuve de savoir se rendre à l'évidence, d'être toujours le premier à improuver ses remèdes lorsqu'ils ne conviennent pas, et se trouve naturellement flattée de voir un homme

____

(1) « Il aime fort Vichy », écrit-elle.

aussi plein de mérite, se faire un grand honneur de la gouverner. Mais ce qu'elle apprécie peut-être plus encore que tout cela, c'est sa grande amabilité, son dévouement, l'attention extrême qu'il prend à la conduire, et aussi la peine qu'il veut bien se donner d'écrire lui-même à Mad. de Grignan pour la tranquilliser, lui mander ses raisons et lui rendre compte de tout. Au reste, elle prétend bien ne se faire aucune illusion sur les vrais mobiles de la conduite du docteur Amyot à son égard. Tout comme son grand ami, le duc de la Rochefoucault aurait pu le faire, elle juge que s'il la soigne avec tant de conscience, s'il se montre aussi prévenant et aussi déférent envers elle, c'est qu'il est de son intérêt d'agir ainsi, car il va bientôt s'établir à Paris, et serait fort fâché d'y apporter des reproches de Bourbon. Il est donc directement intéressé au rétablissement de sa santé, et elle voit dans cet intérêt même, une raison de plus d'avoir confiance en lui.

Outre le docteur Amyot, Mad. de Sévigné consultait un petit apothicaire qui était la capacité, la sagesse, l'expérience et l'honnêteté même, et dont les avis étaient en tous points conformes à ceux du docteur. C'est ainsi que tous deux s'accordaient à lui dire : « point de douches ». Ils auraient cru faire un attentat d'attaquer et de mettre en alarme une santé comme la sienne, ils auraient cru aviser les nerfs d'un désordre à quoi ces derniers ne pensaient point ; aussi, Mad. de Sévigné, bien qu'elle fut « toute portée pour la douche », qui, d'après l'avis de son médecin de Paris, le docteur Aliot, devait lui faire le plus grand bien, suivit-elle docilement leur conseil, persuadée que « si la douche lui avait été nécessaire, ils ne la lui auraient pas épargnée. » Et sa joie d'échapper à un traitement aussi terrible que celui de la douche, telle qu'elle était alors donnée, se montre dans sa façon plaisante de l'annoncer à sa fille : « Pour la douche, le docteur Amyot me la fera donner si délicatement, qu'il ne veut point du tout me la faire donner. Il dit qu'il ferait convenir M. Aliot que le remède est trop violent et plutôt capable d'alarmer les nerfs que de les guérir. » Ainsi donc, elle ne sera point douchée ; mais elle prendra des bains et boira de l'eau ; les bains la feront transpirer, l'eau purgera ses humeurs et le docteur Amyot prétend que par ces deux moyens, il suffira à tout.

En lui conseillant les bains, le docteur Amyot lui donna une sorte d'avant goût du plaisir qu'elle aurait à les prendre : « ce sont », lui dit-il, « des bains délicieux ; et un peu avant que l'heure finisse, on y mettra un peu d'eau chaude qui fera la sueur sans violence que nous voulons. » Et Mad. de Sévigné d'ajouter : « Je crois qu'il est difficile de contester un homme sur son propre palier, qui a tous les jours des expériences. »

Lorsque la marquise prit son premier bain, probablement le 7 octobre, elle put constater que le docteur Amyot n'avait rien exagéré, car elle trouva ces bains « doux et tempérés », et deux jours après « balsamiques et charmants. » Elle va même plus loin que le docteur dans les éloges qu'elle leur adresse, car lorsque la marquise est complètement satisfaite, il n'est guère dans son habitude de mesurer ses expressions : « Vous parlez des bains de Vichy », écrit-elle, « ce n'est rien, il n'y en a point : ceux-ci sont admirables et pour les néphrétiques et pour mille autres maux. »

Mad. de Sévigné n'est pas moins élogieuse lorsqu'elle parle des eaux de Bourbon : « elles l'emportent de mille lieues, si l'on en croit les médecins », écrit-elle, et nous verrons tout à l'heure les qualités et les propriétés qu'elle leur trouve.

Boire était son traitement principal, mais comme elle crut bon sur les conseils d'Aliot, son médecin de Paris, et aussi à l'imitation de la femme de Fagon, de boire de l'eau de Vichy à Bourbon même, (1) son traitement fut de ce fait, un peu compliqué.

---

(1) Prendre de l'eau de Vichy à Bourbon était alors une

Elle commença par les eaux de Bourbon deux ou trois jours après son arrivée, c'est-à-dire le 23 ou le 24 octobre, très probablement le 24 (1) ; et le lendemain, 25, elle est « parfaitement satisfaite » de l'effet produit « elles sont douces et gracieuses, et fondantes ; elles ne pèsent point ; j'en fus étonnée et gonflée le premier jour ; mais aujourd'hui (le 2e jour), je suis gaillarde : on les rend de tous côtés ; point d'assoupissement et point de vapeur ; » (2) et elle ajoute que « si elle continue à

---

pratique courante, et approuvée par la Faculté puisque, Fagon, une autorité médicale de l'époque, « en avait envoyé quérir pour sa femme. »

Beaucoup de baigneurs, nous dit Mad. de Sévigné, en prenaient tous les jours, et s'en trouvaient parfaitement bien, témoin Madame Bel.

Mad. de Sévigné était toute disposée à suivre cette pratique, car elle appréciait fort les eaux de Vichy. D'ailleurs, son médecin de Paris, le docteur Aliot, le lui conseillait. Et puis c'était là un moyen de calmer un peu le mécontentement de sa fille qui tenait toujours pour Vichy, et aussi de tranquilliser Mad. de Chaulnes qui « voyant qu'elle l'avait détournée de cette ville, en faisait venir les eaux pour qu'on en prenne, si on le jugeait à propos. »

(1) « Il y a deux jours que je prends les eaux », écrit-elle le 25 octobre. Comme elle écrivit très probablement dans l'après-midi du 25, c'est-à-dire après avoir bu, il en résulterait qu'elle commença à boire le 24.

(2) Ce n'était point l'avis de Boileau : « Il ne faut pas que vous fassiez un grand fond sur moi tant que j'aurai tous les

s'en trouver si bien, elle ne se servira point de celles de Vichy. » Or, il est probable qu'elle eut quelque chose à leur reprocher peu de temps après avoir écrit sa lettre, car le lendemain même, c'est-à-dire dans la journée du 26, elle se décide à « envoyer quérir des eaux de Vichy » et elle en boit dans la matinée du 27 : « J'ai envoyé quérir des eaux à Vichy... elles font leur effet, et je l'ai senti ce matin avec plaisir. » (27 septembre).

Ce bienfaisant effet des eaux de Vichy bues à Bourbon, effet constaté par Mad. de Sévigné sur elle-même, justifie l'éloge si connu qu'elle avait déjà fait de cette pratique aujourd'hui démodée : « On fait venir ici les eaux de Vichy en un jour, jamais union ne fut si parfaite entre deux rivales. On les fait réchauffer dans le puits le plus bouillant de ceux qui sont ici, on les fait boire comme les autres ; celles-ci reçoivent celles-là dans leur sein ; c'est cela qui s'appelle précisément le même degré

---

matins à prendre douze verrées d'eau, qu'il coûte encore plus à rendre qu'à avaler, et qui vous laissent tout étourdi le reste du jour. » (Lettre à Racine, 9 août 1687).

« Ces eaux sont, dit-on, fort endormantes et avec lesquelles, néanmoins, il faut absolument s'empêcher de dormir. » (Lettre à Racine, 21 iuillet 1687).

de chaleur, car les bouteilles y sont comme dans leur propre maison. J'étais dégoûtée du réchauffement de Paris avec de méchant fagots froids ; mais la chaleur d'ici me plaît infiniment. » (1) (25 sept.).

Elle prend les eaux de Vichy à Bourbon pendant huit jours, comme le veut Aliot, et puis retombe dans les eaux de Bourbon « pour l'adoucir et la consoler », car « c'est une opinion toute commune », dit-elle, « que celles-ci, quand on n'a point beaucoup d'humeurs, sont douces et fondantes et consolantes, et qu'elles se distribuent dans toutes les parties avec une onction admirable. » (2)

------

(1) Le 13 novembre, elle revient très agréablement sur ce sujet dans une lettre à Bussy :

« Je fis venir des eaux de Vichy qui, réchauffées dans les puits de Bourbon, sont admirables. J'en ai pris et puis de celles de Bourbon : ce mélange est fort bon. Ces deux rivales se sont raccommodées ensemble ; ce n'est plus qu'un cœur et qu'une âme : Vichy se repose dans le sein de Bourbon, et se réchauffe au coin de son feu, c'est-à-dire dans le bouillonnement de ses fontaines. Je m'en suis fort bien trouvée. »

(2) Le *Mercure* d'Août 1687 (pages 86-87) dit que « M. Bourdier, très habile médecin, dans un excellent ouvrage qu'il a fait sur les eaux de Bourbon, tient qu'elles sont propres aux maladies de nerfs, à celles de l'estomac et surtout du bas-ventre, ouvrant les obstructions, fondant les humeurs et fortifiant les parties faibles. »

Elles la purgeaient, nous dit-elle, tous les jours sans violence, ce qui ne l'empêchait pas de prendre des médecines supplémentaires, dont il faut bien que je vous dise un mot, afin d'être à peu près complet. A son arrivée à Bourbon, son premier soin fut de prendre « une médecine ordinaire », et c'est ce qui explique pourquoi elle resta trois jours à Bourbon avant de commencer son traitement; (1) dans l'intervalle qui sépare le jour où elle cessa momentanément de boire de l'eau de Bourbon, et celui où elle se mit à boire de l'eau de Vichy, elle prit de la poudre de M. de l'Orme, qui lui fit des merveilles ; le 9 octobre, elle nous apprend qu'elle a pris du crocus « parce qu'elle sait que quand il ne trouve guère d'humeurs, il ne fait point de mal à son hôte, » et elle ajoute : « c'est le bon pain, comme disait de l'Orme ; il ne m'a point fait vomir, et *m'a purgée doucement.* » Enfin, elle prit encore « une médecine ordinaire en partant, » jugeant, sans doute, que les eaux ne l'avaient pas suffisam-

---

(1) Se purger, et même se faire saigner, était alors une des formalités prétendues nécessaires pour prendre les eaux de Bourbon. Voir la lettre de Boileau à Racine, du 21 juillet 1687. Nous avons vu qu'on procédait de même à Vichy.

En 1641, « Scarron se purifia à l'aide de la purge, du clystère et de la saignée, avant de commencer son traitement. » (Emile MAGNE, *Scarron et son milieu*).

ment purgée. En tout, nous dit-elle, pendant un séjour de trois semaines et un jour, elle prit trois médecines, — mais je crois bien que son addition est inexacte, et qu'elle dut en prendre quatre, — neuf bains et but pendant seize jours qui se décomposent ainsi : trois jours d'eau de Bourbon, sept jours d'eau de Vichy, et six jours encore d'eau de Bourbon. « Rien ne pouvait être mieux compassé que tout cela, » et jamais, je crois, elle ne s'était montrée aussi sage relativement au soin qu'elle prenait de sa santé. Au reste, le mérite n'en revient pas uniquement à elle-même ; il faut en attribuer une large part à la personne qui l'avait « détournée de Vichy, » je veux dire à Mad. de Chaulnes dont elle subissait l'ascendant et qui « ne songeait point à rien précipiter. » C'est d'ailleurs ce que Mad. de Sévigné avec sa franchise ordinaire, reconnaît bien volontiers : « J'ai fait tous ces remèdes avec une règle et une mesure dont j'eusse été incapable sans Mad. de Chaulnes. »

Une conduite aussi sage, aussi mesurée, aussi régulière (1), ne tarda pas à donner des résultats excellents, tant au point de vue physique qu'au

----

(1) Et probablement aussi un régime assez sévère : « Point de sauces, point de ragoût », dit-elle. « J'espère bien jeter un peu cet hiver, le froc aux orties dans notre jolie auberge. »

point de vue moral. Le 7 octobre, Mad. de Sévigné constate qu'elle n'a pas la moindre vapeur et qu'elle a très bon visage ; deux jours après, elle déclare que les eaux de Bourbon venant après celles de Vichy, « ont achevé un véritable état de perfection » ; et le 18 octobre, cinq jours après avoir quitté Bourbon, elle écrit à sa fille : « Je me porte si bien, et les esprits sont si bien réconciliés avec la nature, que je ne vois pas pourquoi vous ne m'aimeriez pas. »

Mais ce qui était plus important encore que le soulagement des petits maux dont elle se plaignait, c'est la guérison de l'imagination et de la crainte qu'elle avait que ces maux ne fussent graves ; or, son séjour à Bourbon lui fit connaître, selon son expression imagée, le fond de son sac, c'est-à-dire lui montra que « ses craintes étaient exagérées et surpassaient de beaucoup les petits maux qu'elle avait. » (1)

Enfin, le changement d'air et d'occupations qu'elle trouva à Bourbon, et aussi la société cons-

____

(1) Trois semaines après son départ de Bourbon, le 13 novembre, elle tient le même langage à son cousin Bussy : « On s'est moqué de mes craintes, on les a traitées de visions, et l'on m'a renvoyée comme une personne en parfaite santé. On me l'a tellement assuré que je l'ai cru, et je me regarde aujourd'hui sur ce pied-là. »

tante de la très aimable Mad. de Chaulnes, ne purent que la distraire de ses sombres pensées, et lui procurèrent un adoucissement sensible au chagrin qu'elle ressentait encore de la mort de son oncle bien aimé. Aussi, partit-elle de Bourbon « parfaitement contente et sans avoir le moindre regret à son voyage. »

Mais si elle ne regrette pas d'être venue à Bourbon, elle ne regrette pas non plus d'en partir. L'observation rigoureuse de « toutes les longues et les brèves du cérémonial » de notre station thermale, lui a fait beaucoup de bien, sans doute, mais l'a naturellement un peu fatiguée, et elle est toute heureuse et toute aise de pouvoir enfin aller se reposer à Livry, d'y voir et embrasser sa fille, d'y respirer, de s'y promener en long, d'y faire un peu d'exercice, et enfin, d'y retrouver son âme, c'est-à-dire sa faculté de penser et de sentir, qu'elle a perdue à Bourbon.

Dès le 7 octobre, c'est-à-dire six jours avant son départ, nous voyons percer son désir de quitter Bourbon : « chacun veut aller se reposer à la campagne, » dit-elle, « c'est un besoin qu'inspire la vie qu'on fait ici » ; et deux jours après, le jeudi, 9 octobre, elle ajoute ces mots caractéristiques : « Notre vrai plaisir, c'est de penser que nous partons lundi. »

C'est donc le lundi, 13 octobre, qu'elle quitta

Bourbon après y avoir séjourné trois semaines et un jour. Selon sa louable habitude, elle avait arrêté, au moins huit jonrs à l'avance, l'itinéraire de son voyage de retour, ainsi qu'en fait foi sa lettre du 7 octobre, et ce voyage s'exécuta comme elle l'avait prévu.

Elle mit deux jours pour aller à Nevers. C'était une étape longue et pénible qu'elle avait faite en sens inverse, et en une seule journée, en se rendant à Bourbon ; mais, instruite par l'expérience, elle ne voulut pas la refaire d'une seule traite « afin de ne pas se fatiguer. » (1) Elle coucha à Nevers, et en partit le lendemain, pour arriver le 19, à Essonne, où elle dîna, et ensuite à Paris, où elle coucha. Ce voyage de retour fut excellent à tous égards : elle le compare à une vraie promenade et se félicite de n'avoir eu, en cours de route, aucune incommodité. A Paris, elle eut la joie d'embrasser Mad. de la Fayette et Mad. de Lavardin, et le lendemain, 20 octobre, alla goûter à Livry le repos dont elle avait besoin et qui devait faire valoir et profiter ses remèdes.

Bien des personnages célèbres, surtout au XVIIe

---

(1) Elle mettait en pratique son propre précepte : « Ce n'est qu'avec de la sagesse et de la prévoyance qu'on voyage bien. » (15 janv. 1674).

siècle, nous l'avons vu, se sont rendus aux eaux de Bourbon-l'Archambault, mais aucun d'eux, que je sache, n'a parlé de sa « saison » avec autant de détails que Mad. de Sévigné. Et cependant, que d'omissions on pourrait relever dans ses lettres, et comme on se tromperait si l'on croyait, par exemple, y trouver des renseignements sur la ville de Bourbon, ou sur les distractions qu'elle offrait à ses baigneurs. Mad. de Sévigné, en effet, ne nous dit rien de la ville elle-même qui, d'après Aubery, était « un beau grand bourg avec des maisons bien bâties, propres, et la plupart ornées de jardins », et rien non plus sur ses habitants qui, si nous en croyons le docteur Pascal, étaient « doux, insinuants, et avaient des manières fort civiles et fort honnêtes ; » elle est muette sur le parc Montespan, sur ces jolies promenades en amphithéâtre où elle dut aller souvent ; elle ne nous parle ni de la Sainte-Chapelle, ni du vieux château de Louis II et d'Anne de France, avec sa fameuse *Qui qu'en groigne*, qui donne une note si pittoresque à notre station thermale.

C'est que Mad. de Sévigné n'avait pas l'âme d'un touriste de nos jours ; elle ne regardait, généralement, que d'un œil distrait, les ruines, les monuments, les statues, les fontaines et les places publiques des villes où elle se trouvait ; il est probable même que si les voyages Cook avaient existé

de son temps, elle n'en aurait jamais fait partie.
Et puis, qui oserait lui reprocher d'avoir passé
sous silence les curiosités touristiques de Bourbon,
et, par suite, d'avoir négligé de faire de ses lettres
une sorte de Guide Joanne ?

Mais si nous excusons, si nous approuvons même
de telles omissions, nous aurions aimé trouver un
peu plus de vérité et de largeur de vue dans ce
qu'elle nous dit du pays en général et de la vie
qu'on menait alors à Bourbon. A cet égard, ses
lettres de Bourbon-l'Archambault diffèrent sen-
siblement de ses lettres de Vichy, et sont plutôt le reflet d'un état d'âme qu'un tableau de
la réalité.

Par contre, Mad. de Sévigné se retrouve toute
entière ,avec son optimisme, sa claire vision des
hommes et des choses, son esprit et sa loquacité,
lorsqu'il s'agit de ce qui se rapporte directement
à sa cure. C'est surtout avec cela qu'elle étoffe
ses lettres. Elle expose très finement les raisons
qui la déterminèrent à se rendre à Bourbon au
lieu de retourner à Vichy ; elle trace de son médecin, le docteur Amyot, un joli portrait, agrémenté
d'une pointe de malice, et dans lequel nous recon-
naissons sa manière habituelle ; enfin, elle nous
parle fort judicieusement des eaux et assez longuement de son traitement pour que nous puissions nous faire une idée de ce qu'était une cure

à Bourbon-l'Archambault vers la fin du XVIIe siècle.

Après son séjour à Bourbon, Mad. de Sévigné ne devait plus revenir dans le Bourbonnais. Les trois séjours qu'elle y avait faits, avaient suffi pour la guérir, les deux premiers, de son rhumatisme, et le troisième, de sa rate. L'éloge qu'elle fait des eaux de Bourbon, ne le cède en rien à celui qu'elle fait des eaux de Vichy ; elle considère ces « deux rivales » comme également merveilleuses, et sa gratitude se partage, à peu près également, entre elles.

Quant aux deux régions où ces sources jaillissent, elle les trouve si dissemblables, qu'elle ne cherche même pas à les comparer ; et se contente de dire beaucoup de bien de l'une, celle de Vichy, et beaucoup de mal de l'autre, celle de Bourbon-l'Archambault.

En somme, Vichy doit être satisfait sans réserves ; Bourbon, un peu moins. Toutefois, étant donné le bien qu'elle a dit de ses eaux, et en souvenir de l'honneur qu'elle lui fit de venir séjourner pendant quelque temps dans ses murs, Bourbon-l'Archambault ne garde pas la moindre rancune à Mad. de Sévigné des quelques exagérations qu'elle a transmises à la postérité. Et je suis certain que, lors du prochain centenaire de la marquise, Bourbon se fera un devoir et un plaisir de le célébrer aussi dignement que Vichy, et tiendra à montrer, tout comme sa voisine, que si Mad. de Sévigné a aimé notre province, nous le lui rendons au centuple.

Imprimerie F. Herbin & H Bouché. — Montluçon